我知道你在想什麼：

超強揭祕讀心術

目錄

CHAPTER 1

對方一開口，你就能瞭解他

CHAPTER 2 聽到這些話，千萬要注意

目錄

CHAPTER 3

從說話習慣看交流之道

CHAPTER 4 談話時的模樣不容忽視

目錄

CHAPTER 1

對方一開口，你就能瞭解他

善問問題是讀懂人心的關鍵

適當地自我揭露，鼓勵對方說出心裡話：

雲娟是新來的同事，但她看起來有點孤僻。每天，她在早上上班的時候和同事打聲招呼「早安」之後，就一直窩在椅子上，做出一副「請勿打擾」的姿態。午休時間大家都比較活躍，聊購物、聊美食……可是雲娟仍然一言不發，依舊對著電腦。

部門王經理看在眼裡，就主動坐到雲娟身邊，詢問雲娟最近工作的情況。雲娟仍是問一句說一句，一副心不在焉的樣子。見她桌子上有一個米奇圖案的杯子，王經理就說：「妳也喜歡米奇啊，我也喜歡耶。妳看，我的手錶都是米奇的，我啊，是老有少心呢！其實剛到這個公司的時候，我也很內向，那時我剛剛離婚，和大家都刻意保持著距離，還好同事都很好相處，工作上也對我很支持。妳也要開朗起來哦！」

雲娟的臉上終於露出了笑容，最終她坦言：「新的工作環境，我有點難以適應，工作又還沒完全上手，所以有時候不太想說話。」

從例子可以看出，王經理的自我揭露，打動了雲娟，進而鼓勵了雲娟說出了心裡話。好的談話內容是雙向的溝通，除非你談到自己，否則無論你問多少問題，問得多麼精妙，都不會談的太深。如果你想讓別人坦白，就必須先說一些你自己的事情，這樣你的談話就變得值得一聽，他也會覺得你和他更親近了。

人們都樂於接受和自己主動接近的人。有時候，如果你適當地揭露自己，包括性格上的小缺點，往往更能讓人體會到的真實。因為人人都有缺點，如果你表現得太過完美，高不可攀，就會給人一種冷若冰山的感覺，進而疏遠和你的距離。只有你收回了你的防衛心，對他打開心扉，他才能對你積極回應。

沒有人有義務對你開放自我，也沒有人向你發誓一定要主動或誠實。如果你想從他那裡得到不設防的話，你就一定要鼓勵他，讓他信任你。而適當地自己我揭露，更能讓他對你產生信任感，你的表現不是刻意偽裝的，他也更容易對你吐露心聲。

因此有人說，如果你想看清某人，你就必須先讓自己被他看一眼。當然，自我揭露是講究效果的，你需要仔細挑選你要揭露的事，並選擇適當的時機，如果不確定要透露多少，最好少說些。你可以在關係成熟的時候適時填補一些，這樣，他會感覺到有新鮮感，你也不會因為透露太多缺點而嚇跑他。

對於那些取得突出成績的人來說，適當地進行下自己我揭露，讓自己在人前的完美形象中摻雜點小缺憾，往往更能消除他人的妒忌心理進而鼓勵對方說出心裡話。

營造讓對方吐露真心的氛圍

有的談話氛圍會產生溫室效果，暖洋洋的和諧空氣會使談話開花、結果；而有的談話環境則像暴風雪一樣打消了談話的興致。

在大部分的情況下，我們都能儘量選擇對話的環境，營造和諧的談話氛圍。比如，你絕不會選擇在吃午餐的時刻問別人怎樣治療痔瘡效果好，也不會在電影開場後的安靜環境裡大聲談論對方的私人糗事。

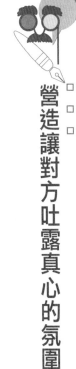

如何營造讓對方吐露真心的氛圍？以下方法可供參考：

1、環境：誰的地盤誰做主

談話的環境往往影響著談話的內容和品質。如果你想讓對方在輕鬆的氛圍裡對你吐露真情實感，那麼事先設計好對話環境是必不可少的。如果你追求一位美女，不妨和她去她最喜歡的那家西餐廳。花一些時間細品咖啡和精緻的菜肴，在伴隨著悠揚的鋼琴曲，還有什麼比這種方式更能讓一個人吐露心聲？當然，如果你實在想不出在哪裡談話比較合適。你不妨直接問對方：「妳想在哪裡聊聊？」或者「妳有特別想去的地方嗎？推薦一下！」

一般情況下，人們在自己的地盤是最為自在和放鬆的，如果你想讓他對你開誠佈公，就在他自己的地盤或是他選擇的地方吧！在那裡，他會有自己做主、掌控談話內容的感覺。這將使他十分愜意和放鬆，他也可以將話題發揮得淋漓盡致。反之，如果你讓他來你的地盤，例如，你的辦公室。他往往會保持警戒，不會對你透露太多，在你的地盤上解讀他是很難的。

2、旁觀者：請他趕快離開

這有點像表演開始時清空舞臺的感覺，不相關的人，還是請他趕快離開吧！試想一下，如果你問談話對象一個私人問題，有很多旁觀者在場，他會將心裡真實的想法吐露出來嗎？他往往會採取自誇、敵對態度或表現出自我防衛的姿態。有時候，他甚至會以沉默來對抗你的問題。所以明智的話，趕快清場！

3、障礙物：一腳踢碎它

你和談話對象之間的任何物品都可能影響你們的交流，所以很多人在談話的過程中，選擇從桌子後面走出來，坐在交流對象的旁邊。如果你想排除談話對象的心理障礙，那麼請先除去你們之間的障礙物。它有可能是一個過高的花瓶、多餘的水杯或是任何干擾你和對方視線交流的物品。如果你戴著帽子或是太陽眼鏡，也要摘下來。

4、分心的事物：暫時隔離

如果你的談話對象聊興正起，他的心扉已經向你敞開了一半。這時你接了一個不合時宜的電話，十分鐘之後，電話被掛斷，儘管你說了抱歉，但是你的談話對象卻連剛剛說到哪裡都忘記了。

一般來說，當一場對話談到情緒高昂的時候，我們最不想的，就是被電話或其他事物所干擾。這些讓人分心的事物，包括：電話、電視、收音機等等。所以你需要關掉電話，關好房門，當你消除分心的事物時，你已經為坦誠、完美的對話準備了良好的氛圍了。

總之，好的談話就像潺潺的河水，蜿蜒前行，又永遠不會中斷。障礙物就是河中的雜草、碎石、淤泥，只有清除這些談話的壁壘，交流才會更加順暢。

三個問題讓你迅速瞭解一個人

如果你想迅速地瞭解一個人，問他問題是最快捷的方法。不論你是相親、工作面試、看醫生還是為孩子找個學校，事先設計好你想提出的問題，想好你究竟要網羅對方哪一方面的資訊，這樣做會達成許多目標。當然，你的問題需要有清楚的焦點，有時候你必須要求精準的答案，有時候你甚至需要嚴厲地問問題。問什麼樣的問題，要考慮環境因素以及你想從對方身上得到些什麼。如果你遇到了一個漂亮女人，你想娶她為妻，你未來的妻子對你父母的態度以及她的家庭觀念就是你要探究的。如果你想去看醫生，你就需要預先設計好與你的病情相關的問題。這樣，你不容易漏失談話的焦點。如果想不起來問談話對象什麼問題，你可以把問題的側重點放在以下三個方面：社會經濟背景、生活滿意度、愛心和同情心。

1、社會經濟背景

人們都喜歡談論自己，你的談話對象也不例外。如：「你在哪裡出生？」「你的職業是什麼？」這些問題幾乎可以問任何人，但要注意的是，在問問題的時候不要太過生硬，要緩慢而自然，並考慮你的問題是否涉及太多隱私，同時提出問題不要過快，要有過渡。

家庭成長環境對一個人的影響很大，因此你可以嘗試問他：「你的父母是什麼職業？」「你小時候就學過舞蹈，是母親接送你嗎？」透過這些問題，你可以簡單瞭解他的家庭背景，答案也將會顯示出他們的社會經濟背景。

2、生活滿意度

能幫你判斷談話對象生活滿意度的問題也是值得一問的。如：「你小時候的理想是什麼？實現了嗎？」「你在高中想成為什麼樣的人？」如果你的談話對象向你坦言這個願望沒有實現，你可以進一步問他原因是什麼。

這些方面的問題能提供給你一條整體的線索，你能更快地瞭解你的談話對象，他對生活是否滿意？錯過了當初的夢想，他是否感到遺憾？你也可以問他愛好相關的問題，如：「平時喜歡讀什麼樣的書籍？」「喜歡什麼樣的音樂？是否加入一些業餘團體？」當然，如果你發現談話對象不喜歡這個話題，他想極力避開，你就不要像蒼蠅一樣緊追不捨了。

3、愛心和同情心

許多問題可以透露你的談話對象是否有愛情和同情心。他和朋友、家人是否親密？週末他是否常常做義工？最近他又參與了哪些慈善活動？他對於街邊的流浪漢抱有怎樣的態度？你可以事先設定一些問題以便在談話的過程中提出，測試談話對象是否有愛情和同情心，並且你們的交談也將會更有資訊性。總之，你可以準備一些和這三個方面有關的問題，以便能快速獲得更多的資訊，進而瞭解一個人。同時，你們的交談也會更加流暢。你可以隨著談話的流向走，隨時回到你準備好的問題上，不論你現在提出什麼話題。

漏斗法則：從開放式的問題開始，逐漸縮小範圍

每種類型的問題都有最合適的談話情境，知道什麼時候用哪種類型的問題，對於想從別人身上得到可靠資訊的你來說，是非常重要的。

設想一下，在交談之前，你想到了可以提出的各種問題，你可以把它們看成一個漏斗：寬口的一端代表開放式的問題，你可以容許對方對這一問題做出寬泛的解釋和隨性的回答。爭論式的問題是漏斗的尖端，這往往是一些焦點明確的問題，時常是對立的，起爭論的。在這之間便是誘導式的問題，它起到疏導的作用，關注談話對象的反應，雖然它不及開放式的問題一樣寬泛。

1、開放性的問題

開放式的問題簡直可以用閒談來形容，輕鬆得好像你們就是在閒話家常。這類型的問題不會有所指向，談話對象也不用分辨哪一種答案會取悅於你，沒有擔心，他自然就可以輕鬆地說出心裡話。開放式的話題是你獲得客觀資訊的首選。

當然，開放式話題也有缺點。由於它們太寬泛了，答案有時候會完全脫離軌道，你得到的資訊往往都不是你想要的。而且開放式的問題也相當費時，有時候嘮嘮叨叨談了半天，卻沒有你想要的答案。有時開放式的問題，也給談話對象規避問題創造了條件。

2、誘導式的問題

開放式的問題沒有限定任何答案，而誘導式的問題則有限制。有時候限制是有利的，因為這樣可以引導談話的方向，避免浪費了大量的時間和精力卻不得要領。如果你想知道你的員工工作熱情如何，不要問他：「你今天做了什麼？」而是問一個誘導的問題：「你今天幾點到公司的？」

如果你想從一個閃爍其詞的人口中得到直接的答案，你可以好好利用誘導式問題。否則，如果你問他開放式的問題，估計問個三天三夜也問不出個所以然。

另一種使用誘導式問題的情況，是讓對方知道你事先掌握了他的一些資訊。例如，母親對兒子說：「我知道你一直都不喜歡舞蹈，但是學了拉丁舞是不是會有一些不同的感覺？」或者商人對潛在的客戶說：「這項計畫是否和去年……事情有關？」這些問題能促使談話對象坦露更多的資訊。

3、爭論式問題

爭論式的問題給人的感覺就是爭論、辯解。有時為了取得重要的訊息或揭發謊言，你不得不使用這種問題。在日常生活中，使用威脅的手段強迫對方承認以取得答案應該是最後的手段。

有時候，在最激烈的言談攻擊下，你的談話對象不得不承認他「沒有犯過的錯」。但是冷靜之後，他往往會表示這是為了避開你，為了逃離現場才那樣說的，這樣的態度轉變有時難辨真偽。有時候你逼得緊了，他甚至會說：「好吧，我承認，你不就是想讓我承認嗎？現在你得到了你想要的答案，我可以走了嗎？」

總之，不同類型的問題都有適合的談話情境，選對問題往往是讀懂對方的第一步。

重要的是反應而不是回答

無論你多善於設計問題，偶爾還會遇到閃避功夫一流的聊天對象。有的人回答問題密不透風嚴絲合縫；有的人則會扯上一些風馬牛不相干的事。

其實，橡皮繩是在你的手裡的，只要你知道談話的焦點在哪裡，如果有人離題你就完全可以拉回來的，重要的是他對問題的反應而不僅僅是回答。你可能需要仔細觀察和聆聽，注意他稍縱即逝的反應及一些細微的蛛絲馬跡。無論是哪種反應，辨別出他的技巧和動機，你就能充分洞察他的個性。

1、沒有反應

避免反應的方法很多，改變話題或乾脆對你置之不理。如果聊天對象對你提出的問題沒有做出任何反應，首先你要確定他是否聽到或徹底瞭解了你所提出的問題。

有些人不願意承認自己沒聽清或沒聽懂問題，這也是很常見的事。有的人在忙著手頭上的事，通常還沒有反應就忽然轉移了話題，他自己卻渾然不知；有的人對問題理解錯誤，卻以為已經作了回應。在這種情形下，沒有反應不是什麼大事。只要再多問一些，應該很快得到答案。

在提問之前，儘量猜猜他人不願意回答的原因，對談話的順利進行是很有幫助的。如，社區的王大媽性格開朗，很喜歡和你聊她的家裡人。但是你發現，她總是迴避說到她的獨生女兒，每次你問到這，她都像沒聽見似的，很快就轉移話題。後來你聽說，她的女兒離家出走，很久都沒有回家了。由此可見，如果有人逃避你的問題，他可能是不想出醜，或是有意避開真相，他也可能會扯上不相干的話題。在這種情況下，你要忍住好奇，不要一直質問下去，盲目追求事實真相，會引起他的反感。重要的是你知道了他的反應，什麼是話題的敏感點，你可以稍後再嘗試。

2、簡短的回答

如果有人一直用簡單的回答來敷衍你，就太不尋常了。他為什麼會有這樣的反應？他的回答是不是太過簡單？如果對方一直用「是」或「不是」來回答你，你就要提高警惕了。

細心觀察可以發現，誠實簡短的回答，其肢體語言和說謊的動作反應明顯不同。誠實簡短的回答對應的是心情輕鬆、毫無戒備。而說謊者的短短回答往往伴隨著緊張、恐懼、困窘，甚至有些氣喘。可見，如果一個人總是用簡短的答案來回答你提出的問題，觀察他的心理反應和肢體反應，你就可以洞察他的內心世界了。

3、冗長的回答

有的人回答問題拐彎抹角，有的人則是囉唆，解讀冗長的回答難度要大得多。冗長的回答有時會隱藏或歪曲事實，有的人在回答時長篇大論，將事實散佈其中。這樣的反應表明他內心充滿不安，他怕你識破他。於是，將事實與謊言混合在一起，讓你自己去挑揀分辨去。

你不用對他的每句話都懷疑，可以細心研究話裡的含意。想想他回答的是不是很充分？他的肢體語言是不是能給人一種坦率的感覺？你可以對他回應的內容做出檢測，看回答的內容是不是前後一致。如果他是在信口雌黃，前言不搭後語，那麼可能表明他心情緊張，缺乏安全感。如果內容連貫流暢，那有可能他想控制談話的方向，或是想對你有所隱瞞。

不妨從局外人身上尋找資訊

人總是要和其他人交往，同時本性也會暴露在不相干的局外人面前，也就是說，他不一定認識這局外人，可是局外人卻知道他的存在，並且觀察了他的思想和行為。人再怎麼戴假面具，在沒有舞臺和對手的時候，這假面具總是要拿下來讓很多人看到其真面目的。而當他和別人交往、合作時，別人也會對他留下各種不同的印象。因此你可向不同的人打聽，打聽他的為人、做事、思想。

每個人的答案都會有出入，這是因為各人好惡有所不同之故。你可把這些打聽來的資訊匯聚在一起，找出交集最多的地方，那麼大概就可以瞭解這個人的真性情了。

不過打聽也要看對象，向他的密友打聽，聽到的當然都是好話；向他的「敵人」打聽，你聽到的壞話自然較多！最好能多問一些人，不一定是他的朋友，同事、同學、鄰居都可以問，重要的是，要把問到的綜合起來看，不可光聽某個人的話！

打聽還要講技巧，問得太白，會引起對方的戒心，不會告訴你實話，最好用聊天的方式，並且拐彎抹角地誘導他說出真話。當然這技巧需要磨煉，不是三、兩天可以學到的。如果你花點時間想一些有效率的問題來問這些他認識的人，你可能會得到你想要的訊息。

在聚會中，你問老總的妻子：「王總很喜歡釣魚，平時您會陪他一起去嗎？」這個問題可能會引出一些反應，因此顯示出他的性格、愛好和價值觀。如果她回答：「他不可能帶我一起去的，他覺得釣魚需要耐性，我的耐性不夠。」這表明他是個嚴肅認真的人。「我很想去，但是他從不帶我一起去。」這透露出他的自私和冷漠。「是啊，我們每次都一起去，已經六年了，每個周日早上六點我們會準時出發，我們都很享受這個過程。」這表示他是個有責任心的人，他有很強的計劃性，做事也很執著。如果你是他的員工，忠實、堅毅、組織性都是他希望在你身上看到的。與局外人的交談，任何這樣的資訊都會使你瞭解到「他重視什麼？」，進而可以預測他的行為。

此外，你也可以看看對方交往的都是哪些人。人們常說「物以類聚」和「龍交龍，鳳交鳳」，意思是什麼樣的人就和什麼樣的人在一起，因為他們價值觀相近，所以才湊得起來。所以性情耿直的就和投機取巧的人合不來，喜歡酒色財氣的人也不會跟自律甚嚴的人成為好友。所以觀察一個人的交友情況，大概就可以知道這個人的性情了。

除了交友情況，也可以打聽他在家裡的情形，看他對待家人如何，對待鄰人又如何。如果你得到的是負面的答案，那麼這個人你必須小心，因為對待至親都不好，他怎麼可能對你好呢？若對你好，絕對是另有所圖。

不同的藉口，不同的性格

什麼是「外罰型」、「內罰型」與「無罰型」人格？如果你是一家公司的經理，當你批評手下人沒有按時完成工作的時候，你的下屬一般會怎樣辯解？他們一般會這樣說：「對不起，我把工作交給實習生小李，誰知道他沒做完就放一邊了。」「對不起，是我的錯。」「嗯？晚了嗎？沒有吧？」

實際上，透過不同人在辯解時所找的理由，我們可以判斷出一個人的性格。上文的回答正體現了「外罰型」、「內罰型」與「無罰型」的三種人格。

「對不起，可是……」一般以這樣方式進行辯解的人，屬於「外罰型」的人格。他們習慣把責任歸咎於他人或者埋怨客觀情況。表面看似乎他們道了歉，承認了錯誤，實則沒有。「可是」後面才是他們真正要闡述的原因，他們總是強調客觀理由。比如：「對不是，可是我是按照公司規定辦的啊！」「這件事不是我負責，早就交給誰誰誰了！」這類人頭腦比較靈活，藉口很多。他們平常喜歡阿諛拍馬，等出了狀況能推就推，恨不得腳底抹油溜之大吉。需要他們背負責任的時候，他們會很自然地找個藉口將責任推給別人，這樣的人也難保不說出背叛朋友的話。因此，他們和同事的關係會比較緊張，討厭他們的人也很多。

「對不起，是我的錯。」一般直接承認錯誤，將責任包攬下來的人，屬於「內罰型」的人格。他們大多會主動承擔責任，即使過失在別人那裡，他們也會先抗下來。正因如此，他們通常是同事心中的「大好人」，他們做事往往一絲不苟，態度端正。在人際交往的過程中懂得不遺餘力地做好感情投資，所以他們常常收穫好人緣，也容易得到別人的幫助和支持。但是不足的是，他們在面對生活壓力時，往往表現得不那麼得心應手，抗壓性不強，也容易變得沮喪。

「嗯？錯了嗎？不是吧？」一般錯了也不知道錯在哪，也不會把責任歸咎於任何人的人，屬於「無罰型」的人格。他們既不會把責任推給別人，也不會將責任攬到自己身上，他們總給人一種小糊塗神的感覺，終日一副懶洋洋的態度。他們討厭競爭壓力，總是按照自己事先計畫好的程式辦事，工作的熱情也不是很高。平日裡，即使明知只是舉手之勞就能換來別人的感恩戴德，他們一般也不會主動去付出。「不求無功，但求無過」，這種得過且過的態度，使得同事對他們的評價並不高。

以「本來是想」為藉口的人自尊心很強

你聽到門鈴響，打開家裡的大門，發現朋友兩手空空地站在門外。他紅著臉說：「本來是想買點水果的，可是超市的水果都賣完了。」聽到這，你會安慰道：「都是朋友，別那麼見外。」說這話時你一定憋著笑，心想，這人真有意思，三天兩頭來，還這麼好面子。其實，你的想法很正確，經常以「本來是想」為藉口的人往往有很強的自尊心。

在公司裡，我們也常常聽到類似的話，例如上司說：「已經晚了兩天，再不交就要扣工錢了。」這時，你聽到同事小聲地說：「對不起啊，我本來是想今天交的。」說這話的人雖然承認了自己的過錯，但是卻沒有承擔責任的意思，這也和前文提到的「內罰型」有著明顯的區別。

習慣以「本來想怎麼樣」為藉口的人多半自尊心很強，當上司批評進程慢的時候，他雖然心裡知道錯了，但他不會坦白「自己沒做好」，他心裡覺得「我只是慢了一點而已，並不是沒能力。」

如果上司在看完他寫的報告後指出：「這裡，還有這裡都需要修改，按照公司的新條例修改後再拿給我。」面對上司的指正，他即使心裡認可，嘴上還會小聲地嘟囔著：「我本來是想那麼寫的。」這類人不喜歡別人對自己的工作多加評論，他也不會認真聽取別人甚至上司的意見，有時候被逼緊了，他在心裡還把責任歸咎於別人身上。

他有很強的自尊，即使明知道是自己能力的問題，他也會先找客觀理由為自己開脫。但是在面對上司的時候，這種人還是沒有足夠的勇氣反駁，他會小聲嘀咕，會在心裡說：「本來我是想那麼做的，還不是因為XXX說那樣不可以！」

每個人都是在被他人指正和反省的循環中成長的。常以「本來是想」為藉口的人在面對批評建議的時候，習慣選擇逃避。這樣的人內心不夠強大，總覺得別人是在苛求他們。如果上司對他們一下子提出很多批評和改正建議，他們一般在心理上很難接受。如果上司逐步地提出改進的要求，情況會有所改觀。但由於他們自尊心比較強，一般在他們接受了第一個要求後，面對第二個要求，他們一般不太好意思拒絕。

與此類似的還有一種人，他們常常以「平常應該……」為藉口，如果上司批評下屬晚交了工作報表，這類人通常會說：「晚交兩天很正常，平常都晚半個月呢！」生活中，這樣的人也隨處可見，如有的酒鬼被人批評過度飲酒不好，他會說：「我喝這些很正常，平常比這喝得還多呢！」這種人完全以自我為中心，他們習慣以「常識和慣例」作為藉口為自己開脫。他們通常很自大，總是標榜符合自己的常識，並以此麻痺別人。

「不打算找藉口」的人不會老實道歉

「都是我不好，真對不起，妳不要生氣了！」大街上，一個男人正一臉內疚地跟女友道歉。女人看到男友這麼誠懇地認錯，她不住地說：「好啦，好啦，我知道了，別內疚了。」由此看來，誠懇地一個勁道歉，不找任何藉口是比較容易讓人接受的。

可是，如果換成另外一種道歉方式，聽的人的感受會截然不同。「我不打算找藉口……真對不起啊……」雖然說話人也道了歉，並且表明自己沒有打算找藉口，但是聽的人還是會覺得說話人沒有道歉的誠意。道歉人的潛臺詞分明是：「這也不能都怪我，我這樣做是有原因的，我有話想說。可是，一旦說出來又顯得我不夠誠懇不夠老實。算了，我還是不說了。」

如果朋友在跟你道歉的時候一再強調「我不打算找藉口」、「本來我也沒有打算找藉口」，相信你一定很生氣，你會忍不住地對他咆哮：「什麼叫沒有這個打算？你有什麼想法就直說，不要兜圈子！」實際上，把「不打算找藉口」掛嘴邊的人往往不會老實地道歉。明明知道道個歉認個錯就沒事了，但就非要多說一、兩句，結果總是事與願違。

還有一類人在犯錯時會如此辯解：「真對不起，可是我是為了你著想才這樣做的啊！」這也是不會老老實實道歉的人，明明知道錯了，卻把責任引到對方的身上，他們希望自己得到對方的感謝，借此得到對方的諒解。他們心裡的潛臺詞是：「要不是替你考慮，我也不會這麼做，所以我犯錯了你也要付一半的責任，你更是不能責怪我。」會這樣說的人犯錯了不會老實地道歉，這樣的人性格懦弱。平日裡，他們也總是牢騷滿腹、怨天怨地。

「果然躲不過你的眼睛，我當時就想呢，我要是這麼做了，說不定你就會不滿意，好了，你說哪不對，我一定改到你滿意為止！」如果犯了錯的朋友這麼和你說話，相信即使你一肚子火，也一定會被他的油腔滑調給逗笑了，自然不再生氣。

你的朋友屬於靠說好話來道歉獲得原諒的一類人。表面看他承認了錯誤，實際上他只想穩住你，他十分聰明，懂得揣摩你的心理，說話辦事都懂得投你所好，他知道說好話可以平息你的怒火，於是賣力的迎合你。他不是性格剛正之輩，卻十分擅長做表面功夫。

事先強調不利條件的人非常在意別人的看法

一般來說，人在失敗或是犯錯之後才會找藉口為自己辯解。可是有一部分人在做事之前就慌忙找藉口。如，參加考試之前，甲同學問：「乙，你複習得怎麼樣啊？」「不行啊，我最近身體一直不舒服，吊了好幾罐點滴，耽誤了不少課程，這次慘了！」乙帶著哭腔說道。

像乙這樣的人對自己的學習狀況缺乏自信，總擔心考砸了或發揮失常被同學取笑怎麼辦。於是，他事先向甲同學強調「自己最近身體狀況不好，耽誤了課程」等外因，這也是在暗示甲「就算是沒考好你也不能笑我」。這種事先強調不利條件的人往往非常在意別人的看法。如果讓他承認自己是因為學習能力差而考砸了，那他會感到特別挫敗。

小王是個釣魚高手，每次去釣魚他都滿載而歸。這天公司舉辦釣魚比賽，可是大家一直找不到小王，臨近比賽，小王才滿頭大汗地跑來。面對眾人的疑問，小王說：「昨天喝得太多了，剛剛才清醒。漁竿也找不到了，這個是跟鄰居借的，也不知道行不行啊？」

乙同學和小王同屬於一類人，這種人頭腦聰明、口齒伶俐、虛榮心很強，他總喜歡將一件事很誇張地渲染，希望透過這種方式吸引別人的注意力，進而更好地表現自己。他處理事情深思熟慮，足智多謀，但個性也像水一樣虛而不實，讓人難以捉摸。他最關心的就是自己的地位和在別人心目中的形象，他無法接受被輕視，如果你說「您不知道」、「但這很好懂」之類的話語，他會感到很受傷。

與之相反，還有一種無視不利條件的人。例如，假設你是公司的老闆，你需要下屬在半天之內拜訪兩位客戶。一位是公司的老客戶，脾氣很好，對人熱情。一位公司新發展的客戶，脾氣很壞，性格怪異。你的下屬通常會先選擇哪個客戶去拜訪呢？

通常，大家都會先去拜訪脾氣好的客戶，然後再想想怎麼去見脾氣怪異的客戶。不過，也有人不這樣認為：「反正怎麼也躲不過，索性先去見那個討厭的客戶。」可以說，這種無視不利條件的人勇於面對挑戰，他們明知道困難一定存在，還會義無反顧去做。

如果這樣的人成為你的下屬，再棘手的問題交給他們，他們也不會事先向你抱怨不利條件。他們會腳踏實地去做，不愉快的經歷和不愉快的情緒會被他們封存。他們總是積極樂觀，獨立意識也較強，從不喜歡依賴別人。

他們樂於從事那種很快就能見到成果的工作，比較看重自己所獲得的成就感。而且，不喜歡那些輕而易舉就得到的東西，那樣會使他沒有成就感。生活中，他們時刻表現得都比較獨立，一般不在乎別人對他怎麼看，也不習慣別人對他有太多的關心和照顧。

「吃不到葡萄說葡萄酸」不過是自我安慰

《伊索寓言》裡有這樣一個故事：一隻狐狸看到成熟的葡萄垂涎三尺，可是牠想盡辦法都勾不到葡萄。牠漸漸失去耐心，有點氣急敗壞。失望之餘說：「那些葡萄想必是酸的。」於是飛奔離去。

這就是「吃不到葡萄說葡萄酸」的由來，故事裡講的現象在心理學上被稱為「合理化」。所謂「合理化」是指想做的事情沒能如願以償，為了彌補欲求不滿，人會用對自己有利的理由來自我安慰。沒能吃到葡萄很惆悵，於是便用「看樣子葡萄就是酸的」來安慰自己。

大林很喜歡小月，為了追求小月，他每天送水送飯，隔三差五地送一束玫瑰花，可是無論他怎麼用盡方法就是打動不了小月的心。最後他只好放棄了追求小月，他想：「小月還不是正式員工，薪水也不高，家又那麼遠，以後就算在一起了負擔也很重。」

同事看到大林不再對小月獻殷勤，就問：「怎麼，被美女踢開了啊？最近怎麼不送小月花了？」大林說：「小月太任性了，我想，就算追到手以後相處也無法長久的！」

其實，不止是大林，無論是誰得不到想要的東西時，都會有意無意地找對自己有利的理由寬慰自己。例如：參加朋友的婚禮，在我們忙於祝賀的同時，總會聽到有些人在下面議論一下新郎新娘是否般配，屬不屬於郎才女貌之列，也總是能聽到一些人在嘰嘰喳喳地說：「好漢無好妻，懶漢娶花枝。」新郎如果是帥小子，新娘子是美女之類的，人們稱為郎才女貌；新郎很帥，而新娘子一般，便是好漢無好妻了；新郎如果不帥，新娘很漂亮，就要劃為懶漢娶花枝之列了。

聽起來似乎有點道理，但仔細想想卻找不出真正能立足的根據來。像好漢無好妻之說，聽起來就覺得有些彆扭，有些人自認為長得帥、油頭粉面的就是好漢了，他們總覺得：「別人怎麼找了那麼漂亮的女友，我這麼帥這麼優秀怎麼遇不到這樣的好事呢？」他們總是感慨：「現在沒有好女人了，這麼漂亮的女人還不是看重錢，我要是像某某那麼有錢，一定能找一堆比他老婆還漂亮的女人。」

這樣的想法，無非是「吃不到葡萄說葡萄酸」的心理在作怪。他們很自負，從不認為自己沒找到漂亮女友是因為自己長得不夠帥或是能力不夠，而是覺得「漂亮女人都不好，都看重錢」。這樣酸溜溜的想法使他們暫時得到了安慰，使他們能夠放下這件事，然後邁出下一步。

工作中，我們也常常遇到這樣自我安慰的人。比如，和一間公司洽談了很久也沒能簽訂單，這時有人就會說：「那個公司規模很小，其實不簽訂單未嘗不是一件好事。」某人談了一個項目許久未果，也許他會說：「那個公司的老闆以前從事過不正當的生意，人品有些問題，這個項目沒談成，我看說不定還是好事呢！」

總之，生活中擁有這樣酸葡萄心理的人不在少數，我吃不到你，我也絕對不會告訴別人你是甜的。通常這樣想的人很自負，他們認為自己的驕傲不容許別人輕視，說「葡萄酸」無非是為了安慰自己，找回點自尊。

以「能去就去」為藉口的人往往缺乏責任心

公司裡的同事打算聚餐，或者多年不見的老同學要舉辦聚會時，總會出現一、兩個不和諧的答覆：「我可以去就去，到時再看看有沒有時間吧！」這般模稜兩可的回答，讓你聽了無比憤慨，真想把臭雞蛋丟到他們的頭上。

如果僅僅是一次還好，但如果一個人總說這樣的話，那麼這個人就不值得信賴了，他往往缺乏責任心。更有甚者，剛開始提議聚會的人最終大家都到齊了，他卻沒來。這樣的人不但薄情，缺乏責任感，而且他根本沒拿聚會當一回事。他往往是說完就忘記的人，做事完全憑一時興起，不考慮別人的感受。

小王和育德是中學時期的同班同學，畢業十年後的一天，小王打電話給育德。當時，小王在台北，育德在高雄工作。多年不見，他們覺得彼此有太多太多的話要說了，於是小王突然提議道：「對了，太久沒有舉辦同學聚會了，我很想見見你，再和大家好好聊一聊。」

育德對這個提議讚不絕口：「是啊，好久沒見了呢。」

小王便說：「那麼就來張羅這事吧，由我來辦，我馬上聯絡小張他們幾個，他們就在我們公司附近工作，對同學們的情況以及聯絡方式也很清楚，也有時間。我會和他們一起準備。」

之後過了兩個月，就在育德幾乎忘了這回事兒的時候，同學會的邀請函來了。雖然育德最近公司特別忙，但因為前一陣子和小王談論過此事，於是便決定抽時間參加了。

當育德風塵僕僕地到了高雄，趕到同學會的會場，卻不見小王的身影。找到了來聚會的老同學後，問他們怎麼沒有看到小王，卻聽他們說：「因為小王提議，所以大家都決定好好聚一聚，但是上星期小王卻突然說，最近公司比較忙，所以不一定能到場，能來他一定來，不來也讓大家要好好的玩。」

「是啊，剛才我還打電話給小王了，他說，能來他儘量趕過來，不過到現在還不見人影呢！」

從例子可以看出，像這樣提出要辦同學會或者朋友聚會的人最後卻說「能來儘量來」的例子，還是相當多的。一般這是沒有責任感、做事輕率，只憑一時衝動辦事的人，這樣的人往往不可信。如果你對他的話深信不疑，就會被他耍得團團轉了。

即使你相信他了，也要事先講好條件，比如「你可要負責到底，不要半路找不到人啊！」，讓他負起責任，這樣就會好多了。生活中，遇到表示聚會「能去就去的人，最令人傷腦筋。如果遇到訂餐需要確認人數，這樣模棱兩可的人你要幫他訂也不是，不訂也不是，確實讓人懊惱。

一個成熟的社會人，是不會給你「能去儘量去」這樣的回答的。倘若總是以「能去就去」作為藉口的人，一般是比較薄情的人或者是不想花錢的人。

比方說同學聚會，有的人是大老遠搭飛機趕來參加，相比之下，那些滿不在乎地以「能去就去」這類方式回答的人，就顯得薄情又不負責任了。通常他不會在乎其他的人的感受，心中就是有要不要參加都無所謂的想法。那些不想花錢的人，也會以這樣的方式回答。

遇到這樣常說「能去就去」的人，一定要事先請他清楚地回答要參加還是不參加，否則最後他一定會放大家鴿子，也可以以會費制的方式將他列入人數當中，就算缺席了，還是要向他收取費用。這樣一來，下次再有聚會，他應該就會認真回答了。要知道這類人薄情而小氣，又沒有責任感。他一旦知道即使不來也要被收費，一定會積極回應號召，早早入席的。

以「站在別人的立場想想」為理由的人很自私

從小父母就教育我們，凡事不能光想著自己，有好吃的要分給別的小朋友，要設身處地幫助其他的小朋友。凡事要多站在別人的立場看問題，這也是人與人交往約定俗成的準則，不管是否遵照，起碼大家心裡都知道這個道理。

一般情況下，沒有人會把「站在別人的立場想想」掛在嘴邊，但也有例外，例如，「你以為我有幾隻手啊？我都忙得腳打後腦勺了，你就不能考慮一下別人的感受，站在別人的角度想想」，「請你別糾纏我，我從來沒有喜歡過你，你就不能設身處地替別人想想嗎？」……聯繫上文的情境來看，這些所謂的「站在別人的角度想想」的話已經脫離了它的原意。這些冠冕堂皇的話都是在給人扣帽子，大家心知肚明，這裡的「別人」指的正是說話人自己。那麼，我們可以將他說的話按照本意來替換，他等於是在說：「請站在我的立場想想」。由此可見，儘管說話人好像在強調站在別人的立場、角度考慮問題的重要性，實際上卻把話題轉向了對自己有利的一面。

從這可以看出，經常把「站在別人的立場想想」掛在嘴邊的人過分地關注自身的感受，他實際上是個十分自私自利的人。儘管他偷換了一個關鍵字語，但我們仍然可以透過聯繫語境體會出他說話的本意。

所以，分析判斷人的語言，是洞察人的心理奧祕的有效手段。語言是一種現象，人的欲望、需求、目的是本質。有些時候，語言被人們刻意地披上了美麗的外衣，如果細心，我們是可以透過這些語言華麗的外表看清本質的。例如，「這麼做不是很好嗎？」表面來看，句尾語氣上揚一般都是表示疑問和詢問。然而在此處，「這麼做不是很好嗎？」並不是在徵求對方「好不好」，而是有把自己的意見「很好」強加給別人，在這裡，這樣的語氣反而給人一種不容分說的感覺。

如果你和別人正在交談，他忽然冒出一句「我抽根菸你不介意吧」，這其實不是在徵求你的意見，他是在確定你的認同。如果是徵求意見，他會說：「我能抽根菸嗎？」不僅如此，有的人還把這用在對自己的評價上，如：「我不是很霸道嗎？」這句話的潛臺詞就是「你也知道我有時候就是很霸道」。

一般來說，這樣說話的人習慣把自己的意願強加給別人，他比較任性，認為「我說什麼你只有聽的份」「我喜歡的人，你也該喜歡才對」。也正因如此，他很難讓自己融入到周圍人的圈子，別人對他的評價永遠是自私自利。

我知道你在想什麼：

超強揭祕讀心術

CHAPTER 2

聽到這些話，千萬要注意

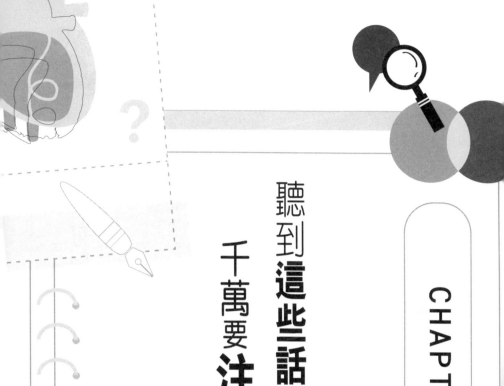

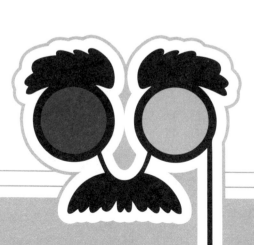

「可能吧」其實是「我不同意你的說法」

有句老話叫做：「說話聽聲，鑼鼓聽音。」指的是要注意說話方的「弦外之音」。你一定有這樣的經歷，當你表達完想法向大家徵求意見的時候，大多數人會附和：「我同意你的想法。」可是，卻有一個不同的聲音響起：「可能吧……」是的，就是這幾個簡單的字，你會怎樣理解？

你也許會想，是他沒有思考出否定的意見才這麼回答吧。當然，不排除這個可能，但是大部分時候說出「可能吧」往往有言外之意。其實，「可能吧」的潛臺詞很明顯是：我不同意你的說法。

我們暫時假設他有不同的意見。設想一下，在大家都對你的想法持肯定態度的時候，他往往不好意思直接提出異議。如果他直言不諱「我不同意你的說法」，這需要很大的勇氣。這樣的人自我防範意識很強，他往往很老練，而且有很多顧慮。也許他覺得只有自己一個人提了反對意見，會招來大家的反感。然而，他又不想違心地表示贊同。在這種情況下，他懂得含蓄，知道迂迴，於是只好以一句「可能吧」來敷衍。

這樣的人一般比較冷靜，懂得以退為進，一般人際關係處理得都很好。所以，聽到這樣的話，你要充分考慮回應人心裡的真實狀態。在這種語言環境下，他其實很想表達自己的真實想法：我想說不是這樣的，但是現在提出反對意見，又好像不是時候……這正是他心裡一直在糾結，有矛盾在掙扎的表現。所以說，「可能吧」的心理語言等同於「我不同意你的說法」

其實，這種礙於語言環境而不便直接對你表達否定意見的行為是受從眾心理支配的。從眾心理是指當個體受到群體的影響，會懷疑並改變自己的觀點、判斷和行為，朝著與群體大多數人一致的方向變化。這種從眾心理也被稱為「隨大流」。一般來說有三種表現形式：

一是口服心服。即表面完全服從，內心也欣然接受。

二是口服心不服。即表面出於無奈勉強服從，可是內心有著強烈的反對願望。

三是徹底隨大流，談不上服從與不服，看人怎麼樣他怎麼樣。

與「可能吧」相類似的回應還有「好像是這樣吧」、「也許是吧」、「大概吧」、「差不多」等等，這也是很多公司主管常用的回應語，如果你的意見得到了這樣的回應，你就需要好好揣摩一下了。

說自己「性格不太好」的人其實很自戀

生活中，我們常常可以聽到身邊的人以抱怨的口氣評價自己，這個說：「我的性格不太好」，那個說「唉，最近我胖了……」「一直熬夜，我都長痘痘了。」他們真的是有感而言嗎？面對他們的「坦誠」你該做何感想？其實，他們過分地關注自己的個性、外表，恰恰反映出他們不同的心境。

碩文在聯誼會上認識了一個叫小雪的女孩。吃過一次飯，小雪就和碩文坦白：「我的性格不太好」。碩文心想：「她總說自己性格不好，可是究竟哪裡不好呢？小雪一直都是溫婉可人的模樣啊！」繼而又想：「能坦言自己性格不好的人，相信也壞不到哪去。」

可是，隨著交往的程度加深，碩文發現小雪的性格真的很差，她總是隨時隨地叫碩文幫她背著一包化妝品，不分場合地補粉、修眉，而且她總覺得自己是獨一無二的，覺得碩文就該隨叫隨到，她說碩文遇到了自己是撿到了寶。從例子可以看出，碩文把小雪坦言「性格不太好」看成是誠實就錯了，坦誠自己性格不好的人，往往性格真的很差。這樣的人通常意識不到自己性格上的缺點，相反的他還會覺得是優點。

性格是好是壞，並不是絕對的，每個人的看法都不盡相同。如果你在和人交往的過程中，遇到一個坦白自己性格不好的人，你需要具體情況具體分析。

一般人對不熟悉的人通常不會過多談論自己的性格，不想被人知其「短」。如果僅是見了一面的人對你暴露自己「性格不太好」，這往往是其自戀的表現。實際上，他要麼把「性格不太好」當成了口頭禪，要麼就是以自我為中心的人，他對自己相當滿意，並且十分喜歡「性格不太好」的自己。所以，他表現得十分自戀，總是把注意力過多地集中在自己的身上。

生活中，還有一部分人總是關注自己的外表，和他們交談你會感覺有些喘不過氣來，他們總是糾結在「我是不是胖了」、「臉上是不是長痘痘了」等這些問題上。究竟他們出於什麼心理，要向你坦言自己「胖了」或「長痘痘」呢？

假設你有個久違的朋友，他非常胖，你從前沒少拿他的胖開玩笑。如果有一天你們在街上重逢，他一定會搶先說：「我是不是又胖了啊？」是的，如果他很率真，以你們的親密程度，他坦誠自己胖了也無妨。這是他先發制人的表現，因為他不瞭解你的感受，過胖的陰影又使他的心裡忐忑不安，他總有一絲擔心：「好久不見了，你不會又說我胖了吧？乾脆我先說出來封你的嘴吧！」其實這樣的人，既自我又自卑，他總是覺得別人會把目光注視在自己的身上，同時，他又覺得自己身上有不完美的地方。他雖然直言自己長胖了，心裡卻十分渴望能得到你的否定回答。如果你說：「你哪裡胖了，明明瘦了嘛！」相信，他會笑得連耳朵都紅了。

「可是」是聽不進去的表現

如果留心觀察犯錯的兒童，你會發現，小孩子犯錯誤被父母發現之後，無論大人怎麼苦口婆心地教育他，無論說什麼，他通常都是一種反應：瞪著烏溜溜的眼睛向上看，嘴上嘀咕著「可是……」。有這樣的反應表示他對父母所說的話根本不感興趣，也沒有辦法靜下心來傾聽。這樣的孩子基本上以自我為中心，無論父母說什麼，他都會有幾句話辯解。

不只是孩子，成人也是如此。尤其是在戀人、朋友或同事之間，我們經常可以聽到耐人尋味的「可是……」。比如在你開會討論問題時候，經常有人會「可是……」個沒完，這樣你很容易就感到手足無措。

你和大家一直在討論一個問題，但就有那麼一個人一直在用「可是」強行轉換話題，結果剛剛談論的有點眉目，討論又不得不中斷。因此，整個會議要是有一個人用兩、三次「可是……」，這個會議就沒辦法繼續下去。

常用「可是」的這個人，他無法安靜地聽完你的發言，他也參與不到大家積極的討論中。對他來說，大家討論的話題是他無法忍受、不感興趣的，他沒有辦法靜下心來傾聽，他的思緒被自己「可是」後面的內容添堵得滿滿的。他喜歡這樣以自我為中心，並且表現得很幼稚。

在日常交談時，除了「可是」還有很多可以轉移到新話題的連接詞。如：「要是這麼說……」「也就是說……」等，隨著訊息交換或是意見表達，談話的內容會開始繞圈子或是轉向。有時候話題的轉換不是自然發生的行為，而是參與者有心操控的結果。像前面提到的「要是這麼說」，明顯是透過承接別人的言論，將話題轉移到自己的觀點上。

「也就是說……」則是換一種方式強調之前所說的話。這些連接詞使話題的進行不像火車軌橫越平原那般平順了，它能清晰地表露出什麼話題是人們感興趣的，什麼話題是他們不感興趣的。

發現人們用「可是」來改變話題的時候，這其實也是他聽不進去，想迴避話題的表現。例如，假設妻子問丈夫是否想要小孩？先生回答：「我是喜歡小孩，可是我們還沒有準備好啊，我的工作很忙，事業正處於上坡的階段，長官說年後我就可以升職了。現在要孩子還不是時候……」隨著話題的延伸，他提到了工作、升職，蓄意變更話題，「可是」後面的闡述才是他真正想表達的，他沒有真正聽進去妻子的想法。不過這個轉變很自然，後面的話題都是「可是」之前的延伸，並且與妻子的問題相關。

總之，如果有人在和你談話的時候頻繁用到「可是……」，我們基本可以斷定，他根本無視你在說什麼，他也沒有聽進去你說了些什麼，他只是想儘快結束談話或者重新開始一段新的話題。

「年輕真好啊」其實是想聽到恭維的話

小悅新進一家單位不久，她年輕有魄力，凡事都想做到最好。對待女上司交代的任務，她更是一絲不苟，加班工作，保證定時超額的完成。

每次她和同組的提前完成任務，她都會受到女上司的誇獎：「年輕真好啊，想法很有創意。繼續保持啊！」

「謝謝妳，我會繼續努力！」小悅每次都很謙遜。可是女上司誇獎歸誇獎，卻連一次獎金都沒有給小悅，反倒是同組的做事沒有小悅俐落的女孩常常拿獎金。小悅覺得自己是新來的，並不十分在意，可是一直到年底，小悅除了上司那句「年輕真好啊」之外，什麼獎勵都沒有得到。一直到她離職，她都不明白，上司明明看到了她的努力，為什麼就沒有給她更實質的鼓勵呢？

例子中「年輕真好啊！我就沒有這樣的方法！」這樣類似的話語，在生活中，我們也常常聽年長的上司說過。其實，後半句根據情境的不同，可以理解為「我可沒有那麼好的體力」、「我可沒有那麼大的衝勁」，等等。不管怎麼說，看似表揚下屬的話實際上卻有另外的含義。當你聽到上司在誇獎你「年輕真好的時候」，他的心裡有可能在說「年輕真好啊，不過我和你們年輕人不一樣，我更注重實際」。後一句話的真正含義，需要聯繫具體語境，你才可以真正體會到。

的確，隨著年齡的增長，年長的上司對你年輕的體魄和活躍的思維會表露出羨慕和讚賞。不過，他們卻保留著長期在工作環境中競爭並取得勝利的自豪感，這會使他們毫不認輸，保留著一種「我不會輸給年輕人」的心態。雖然他們嘴上可能對你出色的表現表示誇讚，但有可能只是「口服心不服」，他們嘴上說了「年輕真好」，心裡卻並不這樣認為。

他們也許只是出於在你面前擺出一種長者的姿態，之所以這樣做，無非是想獲得你的恭維，他們心底有個聲音分明在說：我們承認年輕很好，但是和我和你不同，我更瞭解腳踏實地才能把理想變成現實。如果此時你識破了他的話外音，你來一句，「其實我覺得還有更好的方法，請您多賜教」。相信你的上司一定會樂此不疲地對你教誨了。或者你說「作為年輕人，我太毛躁了，這次成功多虧了您沉穩地領導」，如果你這樣說，你一定會在他臉上看到真實的想法。

作為年輕人，聽到年長的人誇獎自己年輕有作為時，如果能透過談話的語境，揪出他說話的本意，你一定會瞭解他內心的真實想法。這樣，你不會因為被誇得得意忘形而被扣上「還是太年輕，沒有禮貌」的帽子了。

「某某真厲害」內心決定要超過對方

「李姐真厲害！」「不愧是主任，這麼棘手的工作都擺平了！」生活中，這樣的話不絕於耳，要是下屬這麼說，相信作為上司的你早就飄飄然了吧？可是這真是他的肺腑之言嗎？你有出色的工作能力，下屬可能真是由衷地感到欽佩，但也不能排除他和你客套的成分。要分清他是真情還是假意，要看他平時對你的態度而定。一般來說，如果他平時很仰慕你並且只在適當的時候對你表示讚賞，這表示他的話是發自內心的。如果他時不時不分場合就對你讚不絕口，這往往是故意和你套近乎，他的真正用意是想要超過你。

一般來說，經常奉承上司的人多半是進取心強的野心家，他的內心想坐到上司的位置上，所以在語言對上司表示讚賞，在行動上往往也有模仿上司的談吐、行為的習慣。發生這種情況，即使是客套話，一般也是下屬自歎不如上司。

如果下屬真的認為上司不行，他一般不會違心地亂加奉承。所以，當聽到有人誇你「真厲害」的時候，你是可以透過他說話的情境來推斷此話背後的真正含義的。一般這句話可以理解為「我要超過你」或是「我要成為你，以後也要有人這麼對我」。

「某某真厲害」不是一句簡單的奉承話，它有時還能透漏出說此話的人想透過語言和你拉近心理距離的願望。我們知道任何人際交往都是在交際雙方所結成的心理距離中進行的，適當的心理距離是人際交往成功的一個必要條件。

語言是可以拉近或推遠相互之間的心理距離。「某某真厲害」和一般的恭敬的語言有著相同的效果，這類語言要依靠時間、場合、目的微妙地表達。如果有人在適當的場合誇獎你「真厲害」，你往往不會感到不適，你絲毫也感受不到他內心想要超過你的真實意圖。所以有人也把這稱為「高明的奉承」。

「高明的奉承」一般不會被扣上「拍馬屁」「馬屁精」的帽子，有時候，它帶給人的只是適度的禮貌，像似蜻蜓點水，點到即止。細心觀察，大多誇上司「真厲害」的下屬都不會跟著領導者的屁股後面隨走隨誇，下屬往往會依據情境，並有一定的形式和措辭。

例如；當上司做了高明的計畫部署或者是對工作進行了有利指導後，下屬激動地誇讚「您真厲害」或是乾脆小聲嘀咕「真是太厲害了」。這和總是對上司低聲下氣、畢恭畢敬、讚不絕口的人有著根本的不同。如果你是領導者，面對成天對你讚不絕口的下屬，相信隨著交往的日益深入，你一定會覺察到這人的態度，你可能會有種「這傢伙如此口是心非、真會做表面文章」的感覺。

所以說，當你的朋友、同事、下屬誇你「真厲害」「真了不起」的時候，

CHAPTER 2

聽到這些話，千萬要注意

你要瞭解他們的真正意圖。他們雖然和你交往很久，彼此瞭解得也很深刻。但如果他們對你總是讚不絕口，語氣也十分謹慎。這表明他們對你有隱隱的敵意，他們企圖利用這種方式和態度闖進你的心裡，突破你心中的警戒線。實際上，他們的真正動機在於企圖模仿你，在內心決定要超過你，取代你。

擔心「做不好怎麼辦」的人，往往認真負責

你拜託朋友一件事，他答應你了，但是卻總是小聲嘀咕「萬一做不好怎麼辦」。他表現得十分不安，弄得你也沒了信心。你是不是頓生悔意？心想：「早知道這樣，還不如找別人幫忙了。」其實，你的擔心是多餘的，他擔心「做不好」，往往是他面對壓力時不自覺的表現，這樣人的對你交代的事情往往會認真負責。

不管是誰，身上多了一副沉甸甸的擔子，都會有種「搞砸了該怎麼辦？」「能不能辦好？」的焦慮和擔心。如果你的朋友把他的擔心說了出來，這表明他們是怕做不好讓你失望。面對你的信任，他有很強的責任感，他在無形中給自己增加了壓力，表現在行動上就是小聲地嘀咕「做不好怎麼辦？」。

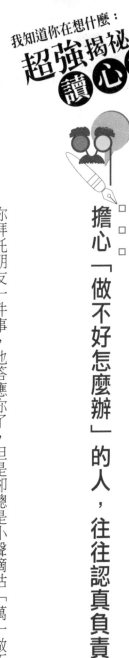

他之所以這樣的小聲嘀咕，是為了給自己減少不安感。在這種情況下，如果你對他說「你一定行的！」他一定會信心倍增，接下來他就會做出周密的計畫並付諸行動。不用猜，你交代他去做的事情，結果一定是完美。

所以說，如果你拜託朋友幫你做一件事，他說「做不好怎麼辦？」，這是他對你交代的事十分重視的正常反應，不是說他能力不夠，而是他小心謹慎。相反，如果答應幫你忙的朋友一口應承「絕對沒問題，放心吧！」或「交給我你就放心吧！」，這樣反而會讓你有種「靠不住」的憂慮。

生活中有許多人把握不了承諾的分寸，在面對朋友的託付時，他們會把胸脯拍得啪啪響，說些「絕對沒問題」的話。這種表示決心的態度本身沒有什麼不好，問題是大部分人都是嘴上說說就算了，所以常常會聽到有的女孩哭著對男友說，「你說話太不算話了，上次你還跟我拍胸脯保證了呢！」正是因為承諾易做，履行困難，儘管他們說「絕對沒問題」時信心十足，但是真正做的時候有沒有能力和信心就不好說了。

「我想做好，但是如果不行，我也沒辦法」也許這才是說出「絕對沒問題」的人內心真實的想法。試想一下，如果女孩埋怨男友說到沒做到的時候，男孩通常會說什麼？他會說：「我是很想做好，但就是不行，我有什麼辦法？」是的，要的就是這句話，當他拍著胸脯說「絕對」的時候，這些脫身的理由就已在腦海裡盤旋了。換言之，他從一開始就沒有打算負責任。

既然沒有信心做好又為何要誇下海口呢？這是他們的虛榮心在作怪，常把「絕對沒問題」掛嘴邊的人，通常都有很強的虛榮心和自尊心，他們希望朋友、戀人、同事、上司時刻關注自己，他們希望獲得身邊人的信任。他們希望能給人留下一種積極有活力、有衝勁的印象，然而卻總是事與願違。

總之，常說「做不好怎麼辦」的人通常是履行諾言、有責任感的人。而總把「絕對沒問題」當口頭禪的人往往不可信。

「這樣啊」是沒興趣的表現

設想一下，如果你正在和朋友聊天，你一個人海闊天空，他正在傾聽。當然，由於你聊興正起，他除了時不時回應一句「這樣啊」之外，他根本插不上話。如果他說了三次「這樣啊」，相信你的聊興很快就會衰退，你也會感覺到朋友對你的海闊天空不感興趣。

如果他的「這樣啊」、「原來如此」出現的頻率不高，也許你還會質疑：「他有回應，是不是代表他正在傾聽，他會這樣說是不是只是個人特有的語言習慣？」實際上，絕非如此，他能這樣說只能說明他對你的話題已經感到厭煩了。

我們可以試著想像一下，家裡的小孩子追著你屁股後面「要聽故事」

的情境，如果你去熱飯或者做家務而使故事被迫中斷，他一定會不停地追問你：「後來呢？然後呢？」也有可能是一直注視著你的眼睛，然後急不可耐地說：「到底怎麼樣了？快說啊！」是的，這些細節都表明他正在興致勃勃地聽你說。可是，如果只是以「這樣啊」「原來如此」作簡單的回應，這說明你的話題他早已失去興趣，他的內心或許很煩躁，感受著無法形容的煎熬。他心底有個聲音在說「求你別再繼續說了，也該輪到我說了」。可是，出於禮貌，他又不得不忍受你的長篇大論，所以才會有心不在焉的反應。

如果這個時候你不能談些讓對方感興趣的話題，又不肯把話語權交給對方，讓他暢所欲言，他會因為無趣而敷衍與你對話。倘若你問他與談話內容相關的問題，他多半會回答你：「沒什麼啊」或「沒怎麼樣啊，能怎麼樣啊」這也是小孩子敷衍大人的常用語。

如果你是家長，你正長篇大論地教訓孩子，孩子卻沒有耐心傾聽，他像是睡著了一樣，沒有一點精神。這時，你問他：「聽清楚沒？你怎麼了？很睏嗎？」他往往會所答非所問地敷衍你一句：「沒有啊」。

收到這樣的回應，你一定有點不知所措甚至氣急敗壞，認為孩子真是叛逆簡直油鹽不進。其實，是你沒有讀懂孩子。「沒什麼」的潛臺詞分明是「我不想回答」或是「你說的我都懂，我是有話，但我不想和你說」。這也是他不想繼續傾聽也不想和你繼續溝通的標誌。他是想表達自己的想法，但是又擔心即使說出來你也不會理解，還會招來麻煩，於是直接用「沒什麼」來敷衍你。一般到了這個時候，你千萬不要嘗試打破沙鍋問到底。

不想聽又不得不聽，想說又不能說，這些很糾結。無論是什麼原因，都是對方失去傾聽興趣的表現。你要想瞭解他們的內心，只能靜觀其變，耐心等待。

聽到「一見如故」，就要提高警惕保持距離

「哎呀，我們真是一見如故！」「和你如此投緣，簡直是一見如故，相見恨晚！」生活中，我們常常聽見有人如此寒暄。

的確，「一見如故」是很多初見面的人習慣使用的一句話，意思是：雖然是初見面，可是彼此的感覺就好像已經認識很久了一樣。能碰到「一見如故」的人是人生中的一種幸運，因為彼此可以少掉「試探」這個過程，而直接進到「交心」的層次。

當一個人和你初見面，並且熱情地說和你「一見如故」時，你可能受到他的熱情感染，也回敬他一句「我也是！」但是，理性地看待這句話，思索這句話的真正意義，你會感到這可能純粹是一句客套話，也許只是對方和你

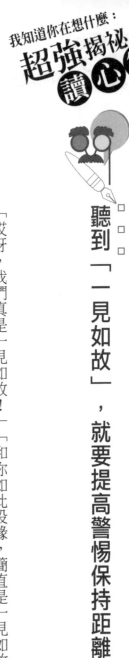

保持距離的標誌。你的熱切響應無法對對方產生效用，對方隨之而來的冷淡也許會使你深感受傷。

反之如果談話對象另有所圖，想用溫情拉近和你的距離，想從你身上獲得某些利益。他往往會摻雜著很多奉承、拍馬的語言，這很容易迷亂你的判斷，也最難抗拒！因此，當聽到這類話語時，你就要讓自己保持警鐘長鳴的狀態。如果這時你熱切回應他，你就有可能暴露自己，使他有機可乘了。這時的「一見如故」往往從客套話變成了一枚裹上糖衣的炮彈了。倘若有些人不說「一見如故」，卻直接用行動表示，這種人你也應該和他保持距離，不要因為太過接近而彼此傷害，葬送有可能好好發展的友情。

由此可見，「一見如故」往往無法越過彼此的「試探」過程直接進入到「交心」的層次，如果你被這份「幸運」迷惑，要麼你的熱情嚇跑了對方，要麼你放鬆了警惕，使對方占了上風。

所以，「一見如故」固然是「幸運」，但有時卻也是「不幸」的開始，這是因為在人性叢林裡，人會呈現他的多面性，在不同的時空，善與惡會因不同的刺激而以不同的面貌出現。也就是說，本性屬「惡」的人，在某些狀況之下也會出現「善」的一面；本性屬「善」的人，也會因為某些狀況的引動、催化而出現「惡」的作為。而何時何地出現「善」與「惡」，甚至人自己也無法預測及掌握。例如，一輩子循規蹈矩的正人君子有可能因為一時缺錢而忽然浮現惡念，這是他過去所無法想像的事，但就是發生了，連他自己都感到不解。因此，當你聽到「一見如故」這句話時，如果你跟對方並不熟悉，不要盲目的為這句話而興奮或感動，這有可能是他事先設好的一個圈套，就等著你自投羅網。如果「一見如故」只是對方一相情願，「話不投機半句多」，你就不必花心思在這上面了。

如果對方的「一見如故」還有後續動作，你就要提高警惕與之保持善意的距離。這樣做，你可以有更多的時間去觀察對方用心的真偽，進而提高警惕保持距離，避免自己受傷了。

說「喝水嗎」可能是為了擺脫尷尬

我們日常與他人進行交流，有時會因話不投機而造成某些尷尬場面，令氣氛緊張。話不投機有多種情況，第一種情況是，某種言談舉止使人為難，頓時氣氛充滿了異樣，這就需要及時轉換話題，以緩和氣氛。

兩個青年去拜訪老師，在談話中提到：

「老師，聽說您的夫人是教英語的，我們想請她指教，行嗎？」

老師為難地沉默了片刻說：「那是我前妻，我們不久前離婚了。」

「哦？對不起，老師……」

「沒什麼，喝點水吧。」

「老師，您的書什麼時候出版啊？快了吧？……」

這樣轉換話題，特別是提出對方很願意談的話題，就會使談話很快恢復正常，氣氛活躍起來。話不投機的第二種情況，是有人有意或無意地開玩笑，帶有挖苦意味，使聽話者窘迫，甚至生氣。如同學畢業十年聚會，有的人頭髮脫落許多，快成禿子了，而他的同學則挖苦他是「電燈泡」、「不毛之地」。在這種情況下，他不可惱羞成怒，傷了和氣；但他也不想「忍氣吞聲」，硬裝沒事。於是一笑置之，豁然大度地來兩句：「好啊！這說明我是絕頂聰明。沒聽說嗎？熱鬧的大街不長草，聰明的腦袋不長毛！」這樣答覆，話題未轉，內容卻引申、轉折了，既擺脫了窘境，又自我表揚，豈不妙哉？

第三種情況是雙方意見對立，談不攏，但問題還要解決，不能迴避。這種話不投機的情況就需要繞路引導。例如，在找對象的問題上，母女有意見。女兒不願也不能和母親鬧僵，只好等待時機再說。這天吃飯時，母親又嘮叨起來：「妳這孩子，怎麼就不聽媽的話呢？人家局長的兒子，人長得不錯，又有現成的房子，妳為什麼不和人家談，偏要……」「媽，喝水嗎？這飯有點乾，我去給您倒水……」這裡，女兒說「喝水嗎」是為了迴避話題，意在繞路，擺脫尷尬的談話氣氛。很多時候，談話者忽然將話鋒一轉，提出了「您渴嗎？喝水嗎？」的問題，往往是為了避免和你起爭執，暫時擺脫「話題談不攏、意見不一致」的尷尬局面。

第四種情況是在社交場合，有的人遇到一些讓他左右為難的境況。他想及時給自己解圍，於是就轉換了話題。聯繫工作，洽談生意，也可能話不投機，陷入僵局。只要還有餘地，就可提出新的話題，繞彎引導。

例如，甲方推銷四噸卡車，而乙方不要四噸的，想要兩噸的。這時，甲方若硬著頭皮爭執，只會越談越僵，不歡而散。於是，甲方銷售代表靈機一動說道：「您渴了吧，我去給您倒杯水，待會我再仔細跟您講解一下四噸車的好處！」在這裡，甲方代表及時轉移話題，繞彎引導，從季節、路途、載重多少與車輛壽命長短等各種因素來促使乙方考慮只用兩噸的弊病，於是自然「柳暗花明又一村」，開闢了新的途徑。

說「過去就算了」，往往是欲蓋彌彰

設想一下，朋友和你鬧了不愉快，彼此關係搞得很僵，被人極力勸和之後，他往往會說什麼？他可能會沉默半天，來一句：「算啦，過去就算了！」朋友間即使關係再親密，也可能會有摩擦與衝突。在這種情況下說出的「算了」，說話人往往沒有仔細反省、檢討事情的經過，而只是簡單地說：「好吧！上次的事情過去就算了，別再提了。」或口口聲聲地說「讓我們重新來過吧！」其實，這並不是真正想解決彼此衝突的表現，只不過是欲蓋彌彰。

另一種提議和好的人，是由於內心充滿愧疚感和罪惡感，如果覺得自己理虧，又怎麼好意思不向對方低頭呢？所以思來想去，就提議道：「過去的事就讓它過去吧。」當然如果對方已先提出和好的建議，另一方雖然仍難免心存芥蒂，但因為對方的示好往往也會豁然開朗，深覺對方是個氣量大的人。於是，彼此的關係得到了緩解。

此外，如果是同一工作單位的同事、朋友或是情侶、夫妻之間，也容易產生摩擦，儘管有些時候是些微不足道的小事，但如果長期鬱積於心彼此怨恨，也容易產生不良的後果。所以，許多人為了緩解這種暫時的冷淡關係，選擇了「既往不咎」。

倘若真的是不記恨過去的事了，自然有望言歸於好。可是生活中，常把「過去了就算了吧」或「重新開始」這類話掛在嘴邊的人，實在是太多了，他們到底是抱著何種心態呢？他們是真的想「既往不咎」嗎？既然這種人慣用這些話，可見他們是常常引起爭執的。

生存於人際關係複雜的社會，難免會與人發生糾紛。問題是這種人輕率地選擇了這類問題的解決方式，他們為了緩和與人的矛盾而輕易說出「過去就算了」這樣的話，其實往往是欲蓋彌彰，他們忽略了彼此心中難解開的心結，表面上看起來他們似乎恢復了往日和諧的關係，而且也已不念舊惡，心態平和。但實際上他們的關係通常更加激化了，他們往往不會如此輕易地既往不咎。在以後的生活中，可能一個無心的眼神，一句無心的玩笑，都將使他們之間的戰爭如火山般爆發。

一個人如果真的完全不在乎過去的紛爭，他就不會再說「過去了就算了」之類的話，只要他開口說出這種話，就這件事在他心中還佔有一定的地位，他還在介意著，所以才會刻意說這種話來加以掩飾。

根據這點，我們可推斷出，這個人所說的話，並非為對方而說，而是在寬慰自己或者是為了給規勸的人一個臺階。換句話說，此人心中仍存有憤懣、厭惡、憎恨，為避免這種衝動擴大，帶來不好的影響，所以他才會動輒就說「過去了就算了，還提它做什麼？我都忘記了。」其實，這樣說的人並沒有真正忘記，這種行為，正表現出他極力克制的心理。

常說「過去就算了」的人，常常壓抑自己的情緒和內心的情感，雖然他自己也許未曾有這方面的意識，但這種抑制的能量，卻會不斷地累積，一旦累積到一定程度就會爆發。因此有人說：「他和我有過節，我也沒怎麼樣，他就發火了。」可見，這種人的積怨不容忽視。

即使再良好的人際關係，也難免會因一些微不足道的誤會而破裂，但只要設法瞭解彼此的真意，尊重對方內心的想法，彼此的關係就可以得到緩解，進而化解誤會，增進彼此情感。

常說「真的嗎」，需要你的真心關懷

每個人都有一些不同的說話習慣和常用語言，例如有些人在心理狀態改變的情況下，語調會降低或拉高，或說話時夾雜著一些口頭語，像「真的嗎」、「不會吧」、「你知道嗎」、「啊、呀、這個、那個」，等等。當然，這種口頭語具有鮮明的個人特色，可以幫助你瞭解說話者。

如果你的朋友常常說「真的嗎」、「不會吧」，你不要覺得他是在針對你、對你的話有所懷疑。相反，這表示他想給你一種沒有威脅和企圖心的友好感覺。他做人很被動，自信心又不夠，需要得到你的真心關懷和肯定。其實他很容易相處，如果你能站在朋友的立場和他交流，以朋友的心態分享他的想法，並給予他肯定和讚賞，他很快就會對你敞開心扉。

CHAPTER 2

聽到這些話，千萬要注意

從一個人的習慣用語中，可以看出一個人自身的很多東西。社交中，絕大多數人都有使用口頭語的習慣，每一種習慣用語，都體現了說話者的性格特徵。

1、啊、呀、這個、那個、嗯

經常使用這些詞的人，一般有兩種情況，一是他們的詞彙量少，反應也比較遲鈍，在說話時由於思路中斷而形成口頭語。二是比較有心機的人，他們擔心說錯話會造成不良的後果，因此需要利用間歇話語思考。這樣的人需要你多花時間去溝通，短時間內他不可能會真正當朋友。

2、你知道嗎

如果你的談話對象高頻率地說：「你知道嗎？」相信用不了一會，你就受不了。說這話的人不自覺地展現了自身的優越感和好為人師的心態。這樣的人往往不喜歡你說太多，你給他一隻耳朵傾聽就夠了。他通常認為自己懂的比你要多很多。倘若你嘗試著說服他，你很快就會感覺自己是在徒勞，因為他太強勢，很難接受你所傳達的資訊。

3、應該、必須、必定這樣

經常使用這樣短語的人，一般自信心極強，他表面上顯得理智、冷靜，但是如果你和他交談，你就會感覺不舒服，他簡直把自己當成了你的父母。他習慣對你「指手畫腳」，「熱心」地告訴你什麼該做，什麼不該做。

4、另外、此外、還有

你的朋友經常說「另外」、「還有」，這表明他是個思維敏捷的人，他喜歡參與各種各樣的活動，並且熱衷新事物，討厭一成不變的事物。他的思想前衛大膽，經常有一些別出心裁的創意，讓你刮目相看。但不足的是他做事容易厭倦，有時只憑一時興起，做事往往無法堅持到底。

由此可見，口頭語看似不經意卻又往往是最常見的，它常與說話者的性格、心理活動、精神狀態、生活境遇有關。我們透過這些顯而易見的口頭語來判定一個人，可以很容易地得到客觀的結果。

「絕對先生」其實未必真絕對

「絕對先生」因愛說常說「絕對」而得名，他常常開口就說「我絕對沒有在上司面前打你的小報告」、「今天開會我絕對沒有睡覺」、「我最愛的絕對是你」、「今天的程式絕對得這麼改」……這樣的人，他的綽號就叫「絕對先生」。其實，根本沒有人相信他的絕對，因為每每他說「絕對」時，總會被其他人想出辦法來拆穿。

「絕對」的含義原本是強調某件事可能發生或不可能發生的極端程度，但在現實生活中，人們使用「絕對」所表達的意思，其實往往未必真的絕對，他們將原來所具有的強烈程度大大減輕了。比如，在工作和生活的場所，我們常常聽到人們動不動就說：「我認為絕對只有這個辦法行得通……」或者一些小學生，他們也喜歡用絕對，如，「我敢保證，老師絕對沒有發現我抄你的作業」，常把絕對掛在嘴邊的人，包括上文的「絕對先生」，他們口中的絕對，往往不是真的絕對，這些加強肯定的強調詞在他們這裡，早就變了味道。

經常愛說「絕對」的人，大半都有自戀的傾向，他們主觀意識相當強烈。一旦自己的想法或過失遭到別人質疑或指責時，他就會想方設法為自己辯解，為了掩飾內心的不安和保護自己。他們特別喜歡利用「絕對……」這樣的字眼和語句，企圖使自己的行為在別人的心中更加合理化。基於這點，我們就可明瞭，這種人所以有「絕對」，不過是在向別人坦白：「為了避免你懷疑我，我只好用這樣的字眼肯定自己使你相信，這樣做我沒有辦法。」由於這種人的想法都是以自我為中心，所以他們做事總是依自己的主觀臆斷，由於視野狹隘，他們往往想出一些不適用的幼稚想法，而且通常不會產生很好的效果。由於這類人自私自利，很少站在別人的立場上看問題，一切的想法都是獨斷、自我的，所以這種人可說是傲慢自大，目中無人的典範。

可見，使用「絕對」的人，除了愛自己，還喜歡把「絕對」作為防衛性的藉口。如果他們犯了錯，「絕對」更是他們的擋箭牌。例如，「從此以後我絕對不再抽菸」、「從今以後我絕對不再犯錯」，借立誓來使自己免受責備。所以不用想也知道，這種人的「絕對」不是真的絕對，他們的話是最靠不住的，因為他們十分清楚自己絕不可能不再犯，為了掩飾自己內心的真實想法，所以才在不知不覺中又說「絕對」來加以強調或欺騙。他們騙別人更是在騙自己。

「絕對」也往往是男女交往中的甜言蜜語，例如「我絕對不會離開你，除非我死」之類的話，當然這是為了表明自己內心的想法。雙方在交往一段時間以後，為傳達彼此深厚的愛情，也會使用「絕對」一詞，但這與剛認識時信口表達的「絕對」是不同的，這時的「絕對」或許已成為一種兩心相知的肺腑之言了。

常說「我」的人，要先解決他的利益問題

「我」是最稀鬆平常的字，也是談話中出現頻率最高的。你可以和家人、朋友進行一段不超過三分鐘的對話，如果將這段對話錄音，你會發現這段對話中「我」出現的頻率，高到無法想像。研究發現，一個人談話中用「我」的頻率，和他的性格，以及他從小到大對人的看法都有很大的關係。

如果你的交談對象在和你的談話過程中，頻繁地使用「我」，甚至每句話都用到「我」，那麼這表示他是個主觀意識很強，以自我為中心的人，他自信、有想法，凡事先考慮自己的利益。也許這和他從小到大的成長環境有關，如，他是家裡的獨子並由爺爺奶奶帶大。和他交談你會發現，他不斷地使用「我感覺……」「依我看……」等句子。他這樣做表明他急迫地想把自己的真正需要傳達給你。面對這樣的人，你要先解決他的利益問題，讓他覺得你是懂他的、你是在認真傾聽他的話，這樣他會對你產生明顯的好感。特別注意的是，當他說「上次我提過……」時，倘若你傻乎乎地說不記得了，他會立刻做出反應，他會覺得你一點都不尊重他，你所做的都是虛情假意。常說「我」的人，習慣別人以他為中心，他喜歡這種太陽般被環繞的感覺。

在社交場合中，「我」是個可以幫你判定交談對象性格和情緒的字。一般來說，還有幾個概念詞在對話中出現的頻率較高，如，你、他、大家等等，現在，就讓我們一起瞭解頻繁使用這些常用詞的談話者的性格特點吧！

1、常用「你」或「您」的人通常長袖善舞

這樣的人總能給大家留下公平、客觀、自律的形象。他似乎很合群，屬於社交能力很強的人。他往往彬彬有禮，長袖善舞，但是和人交往通常會留有餘地，保持一定的距離。如果你和他交談，談論公事，他會滔滔不絕，如果是私事，他會馬上轉移話題，對你架起壁壘，轉為防守，他通常不喜歡透

露過多自己的事情。

2、常用「他」的人習慣旁敲側擊

如果你的交談對象常用「他」這個字，這表明他是個防衛心重的人。他個性謹慎，談事情習慣旁敲側擊，試探你對事情真正的看法。他表面看來好接觸，實際上很少與人交心，他通常會被專業的資訊或見多識廣的人折服。

3、常用「大家」的人往往默默無聲

交談中你會發現，有的人很少用到「我」、「你」、「他」三個字，他更習慣用「大家」來做每句話的開場，這樣的人在人群中毫不起眼，往往是默默無聲的那一個。他的性格裡有很濃的自卑成分，也期待被重視，希望你讚揚他的想法和說辭，可是他通常不知道如何表達。如果和他交談用稱讚和肯定的語氣，他一定會表現得十分歡喜，對你產生好感。

注意對方談話中這些出現頻率很高的詞語，有助於我們更加瞭解對方的真實性格。

說「我這人不會說客套話」的人，很會拍馬屁

常常說「我這人就是不會說客套話」的人相當多。時而將這句話掛在嘴邊的人，一般有兩種類型。一種是屬實不會說客氣話的人，他們為人正直，一是一，二是二；另一種往往是為了掩飾自己的諂媚而找的藉口。生活中，常常說「我天生就是不會說客套話的人」，絕大部分都是後者。

為了拍馬屁而自稱「不會說客套話」的人是很棘手的。因為當他剛否定自己不會拍馬屁之後，緊接著便是開始奉承。

漢武帝時，一個叫吾丘壽王的人就是精通此道的高手。西周時期製造的青銅器十分精美，被後人看成至寶。尤其周代的銅鼎更是彌足珍貴，後代的帝王要是哪天得到一只周鼎，就認為是上天降下的寶物，代表著吉祥。

漢武帝時，有一次在汾陰發現了一只精美的周鼎，武帝十分高興，先把它供在太廟，然後又收藏在甘泉宮。

大臣們知道漢武帝特別迷信，為了討他開心，都紛紛上表祝賀皇上得到了周鼎。光祿大夫吾丘壽王卻與眾不同，說：「這不是周鼎！」

漢武帝聽到了有些生氣，把他召上前來問道：「我得到一只周鼎，大臣們都認為是周鼎，唯獨你一個人說不是，什麼原因？你今天給我說出個原因來，不然我就要砍你的頭！」

大臣們見皇帝發怒，都為吾丘壽王捏著一把冷汗。只見吾丘壽王不慌不忙地回答：「沒原因我怎麼敢亂說？我這個人天生就是不會說客套話，想到什麼就說什麼。我聽說當初周朝的德政從後稷開始，到公劉又得到長足的發展，到太王進一步發揚光大，文王、武王使它最後得以完成，周公使它傳遍天下。上天為了表彰周朝，特意降下玉鼎，所以叫做周鼎。如今，我大漢朝自從高祖繼承了周朝的大業，也是大力推行德政，天下的百姓都得到了恩惠，全國上下團結一心，衷心擁護天子。到了陛下您，更是大大發展了祖宗的霸業，可謂功德無量，瑞兆不斷出現，這可是天意呀！這次汾陰發現的寶鼎，是上天賜給大漢王朝的至寶，應該叫做漢鼎才是，怎麼可以叫做周鼎呢？」

一番話說得漢武帝心花怒放，轉怒為喜，吾丘壽王不但沒被治罪，反而得到了黃金萬兩的賞賜。

從例子中可以看出，那麼多恭維漢武帝的人通通都沒有得到賞賜，唯獨吾丘壽王得到了，可見，他才是最會拍馬屁的人啊！不明所以的人聽了吾丘壽王的話，只會覺得他很善於說客套話，然而他事先表明「我這人天生就不會說客套話」「我有什麼就說什麼，只是說事實而已」，可見，馬屁的功夫一流。

他事先為掩飾諂媚而找足藉口，這句話等於是向別人坦言自己就是在拍馬屁，不過，他本人卻似乎不這麼認為。不管是否明知故犯，還是為了加大諂媚的效果，這類型的人天生就愛被拍馬屁的，總是看準一切機會極盡所能地拍馬屁，以求處世之方便。所以，即使他有一天被識破，也會面不改色、心不跳地說：「你真的很了不起，我只是很佩服罷了。」「我是說真的呀，這樣東西真是太完美了。」馬屁話在他這裡已經成了習慣用語。

奉承的話語是很玄的東西，就算收聽者明明知道對方在奉承諂媚，也會十分受用，不管你多聰明，漂亮的話還是會使你失去警戒。也許拍馬屁的人將你拍得飄飄然進而得意忘形，即使你上了當，卻也在心裡大呼：「真舒服！」

常說「對啊」的人，通常世故圓滑

「對啊」這個詞語是用來肯定對方說的話，表示毋庸置疑。交談的過程中，沒有人喜歡別人違背自己說話的意思，而這些喜歡說「對啊」「就是你說的這樣」的人，通常別人對他們都有好印象。

他們跟你說話，嘴上像是抹了蜜，表面上是一團和氣，有著好人緣，但其實這並不一定就是他們的心裡話。有時候他們是用「對啊」來迎合、討好你，背地裡卻常常是為了自己的利益而謀福利，為人處世比較世故圓滑。

「哦，對啊，就像您說的那樣。」「對啊，屬實是這樣呢，我也深有同感……」類似這些用來贊同或認同對方的話，會讓你聽起來感覺格外舒服，非常高興地認為原來你們有著相同的看法。其實，講這種話的人往往並不是發自內心、恭敬地認為你的話都是正確的。他們之所以常常將「對啊」這句話掛在嘴邊，是因為這樣可以拉近你和他們的關係，進而使他們的人際關係更加和諧。他們一心為自己著想，十分斤斤計較，希望可以得到更多的實惠。

在說話中善於迎合的人，對他人有很好的觀察力，往往能夠體會到他人的情緒和想法，然後投其所好。這類人隨機應變的能力很強，性格彈性比較大，往往不屬於那種自我意識特別強烈的類型，他們通常比較善解人意，不會勉強別人跟隨自己的想法走，不會強人所難，與絕大多數人口中的「好先生」，在為人處世方面多能如魚得水、圓滑事故，在處理各種事務時都顯得老練得當。然，他們也相當精明，想讓他們吃虧上當那可不容易。雖然表面上看來他們很好相處，但實際上他們有自己的主張，如果想讓他們向你妥協，那你可要費力氣了。

工作生活中，他們一般可以營造和諧的氣氛，自己也可以成為大家歡迎的人，而且他們心中往往有一張關係網，廣大而實用，這也被他們奉若至寶。

如果在工作中，你碰到這種類型的主管，那你就別急著高興了。他們對你的意見大多會回答：「對啊，你講得很有道理，不過……」聽聽他們「不過」之後的東西吧，那才是決策性的想法，他一般不會強制要求你按照他們的意思去做，但是如果你聰明，還是自覺屈服吧！因為他們一旦決定了，無論你再提出什麼樣的意見和建議，也都是徒勞。寸步不讓的做法只會讓他一反常態，與往日判若兩人。

「對啊」一方面在給予對方肯定，另一方面卻又以左右逢源的態度來敷衍對方。其實，他們對你提出的意見往往不屑一顧，甚至連反對都懶得開口說。這種人是算計他人、世故圓滑、不得不提防的危險人物。

說「我只告訴你」其實是「很多人都知道了」

凡是會說「你千萬不要告訴別人」、「別和別人說啊」、「我只告訴你一個人」的人，對其他的人也一定會這麼說，所以很容易洩密。這樣說的結果其實是「很多人都已經知道了」。說得更具體一些，就是因為他們特別喜歡宣揚一些自己所認為的祕密，會衝動地想把這些話告訴許多人，所以才會特別強調「不要跟別人說啊，我是看你嘴巴緊才說的」、「我只告訴你」等這些話。

類似這樣的若知道他人不知道的祕密，要其隱藏在心中往往並不容易，他們通常都有「去告訴別人」的衝動。其理由：

第一，別人不知道這件事，就他知道這個「祕密」，能把自己知道的「獨家祕密」向他人炫耀，這對他來說十分有心理快感。

第二，因為他自己一人保守祕密，心理負擔太重，通常也想借洩密的方法卸下心中的重擔，或者有時故意創造一些不小心「說露嘴」的意外。另外，也有人故意向特定人物洩密，來博取對方的歡心。

常說「我只告訴你」的人，都有著神經質心理的，他們明知不該洩露，卻又忍不住告訴別人。若他們所洩密的事情，只關係到個人，頂多只會破壞與當事人之間的情感；但若是公司或企業人士，洩露了非常的祕密，就有可能破壞了工作中重要的人際關係，不僅事關自己，還會影響到整個單位組織。

一個想洩密的人，即使朋友、親友、上司再三交代「這個事千萬別透露出去」，也因意志薄弱而洩密，或者在他們喝酒之後，在飯桌上，這種祕密早已成為公開的祕密了。相反，如果是嘴巴比較緊的人，也是性格上、精神上比較成熟的人，在洩露重要事項前，他們會事先考慮洩露的後果和嚴重性，以及對他人帶來的影響，同時，也考慮人際關係有可能會惡化，以及對組織的影響，經過深思熟慮後他們一般不會洩密。

此外，在上班族的生涯中，有時候洩露祕密的內容也許無關緊要，但個人的隱私和有些微妙的人際關係，辦公室往往會形成是非之地。是否會洩密有時會成考驗一個人的人格方式。那些口口聲聲說「我只告訴你」的人，其實早已經把這件事散佈出去了，這早已是人盡皆知的祕密了，你最好聽過之後，一笑了之，彼此相安無事。

常說「所以說」的人，給點陽光就燦爛

我們經常遇到一些人，他們總喜歡把「所以說」掛在嘴邊。他們覺得自己就像先知一樣，在事情剛開始的時候就已經預見了事態發展的結果，十分有先見之明。

當你告訴他們事情結果的時候，他們通常會說：「看吧，完全按照我之前說的發展下去了，我就知道結果會是這樣，所以說……」他們總喜歡強調自己對事情的發展瞭若指掌，彷彿你給他們點陽光，他們就會「燦爛了」似的。

這類人絕對不會說：「是啊，你說得對，我也這麼想。」他們總是說：「事情果真是這樣了，一開始我不是跟你說了嗎？所以說啊……」初聽起來他們簡直就是「先知」，是如此的善於總結，但深究起來卻並不是這麼一回事。他們通常善於表現，總是有意無意地展現自己，你想不注意都難。

在團隊中，不論什麼活動，他們都努力出盡風頭，為了表現自己，他們不惜插科打諢，搶奪別人的目光。工作中，他們也極力引起上司的注意，即使是明明不是自己擅長的工作，他們也要插上一腳，如果恰好被他們做出點成績，他們會毫不客氣地以功臣自居。可見，常說「所以說」的人最大的特點就是喜歡以聰明自居、自以為是，態度傲慢，他們喜歡把功勞攬在自己身上，給點陽光就燦爛。

常把「所以說……」掛在嘴邊的人，總覺得自己的話具有絕對的權威性，他們好大喜功，說話完全不顧慮對方的感受，有一種咄咄逼人的感覺。如果你和他們交流，會因他們的這種態度而受到傷害。所以，他們很惹人討厭，但自己卻渾然不覺。

這種性格有可能會受到上司的賞識，但常常阻礙了他與同事以及其他人之間的關係，因為他太愛表現，太愛出風頭，所以可能常常搶了別人的風頭，難免會引起其他人的妒忌和不滿。一個團隊裡如果有一個人太喜歡表現自己，總覺得自己高人一等，未卜先知，那就相當於把自己與其他人的距離拉遠。事實上他們並不覺得自己是個傲慢、令人厭惡的人，反而認為自己相當值得同情。因為他們得不到眾人的認同和理解，周圍的人都不願意去傾聽、瞭解他們的心聲。

「木秀於林，風必摧之。」如果遇到這樣態度傲慢，總拿別人的平庸襯托自己的出色的人，想必，你一定對他極度不滿。倘若是一個團隊，即便他不會被排擠出去，那他也不會在團隊中有好的人緣。

「的確如此」往往是不贊同你的意思

不論是在工作環境中還是在私人交往聊天中，有一種人對於別人的意見，總是會連續發出「的確啊」、「的確如此」、「的確是這樣的」等短句，好像一直都在扮演著專心的聽者角色，不是點頭便是連說「的確如此」、「屬實是這樣啊」，至於他們自己的想法則完全不加以描述，他們彷彿就是聽者而不是發言者。這樣的人其實還相當的多。他們到底是一種什麼樣的心理狀態？我們可以一起來看一下他們的類型。

第一種類型是，對於你正在說的事情，既沒有表達贊同或不贊同的意見，也沒有特別流露出佩服的情感或表示感興趣。「的確如此」或者「屬實是這樣啊」等詞句，其代表的往往是相反的意思，他們既不認為的確是這樣，但也難以找出依據來加以反對，其實一般是他們沒有其他的選擇了才那麼說的。倘若在事後他們提反對意見的時候，你把他們那時的話「的確是這樣」拿出來責備他們，他們多半不會承認，他們會說：「我什麼時候說過了。」這樣做，無非是透露了你的無知。其實，他們在說「的確如此」的時候，往往並沒有贊同你的意思，是你會錯了意。

另一種是，如果是親密的好朋友連續說出「的確如此」、「的確是這樣」等話語，可能是他對你所說的事情毫不關心，沒有一點興趣，或者他就是個寡情自私的人，除了自己的事，他對別人的事都不會太熱心。遇到這樣的人，你就要好好審視一下你們之間的關係了，或許你覺得密切，但對方並不是這麼認為呢。

另外，如果是工作關係上的合作夥伴連續發出「的確如此」、「的確是這樣啊」等句子，或許他是沒有自信，或是知識淺薄的人，也許他們對你所說的事情根本就沒有自己的想法，既缺乏相關知識，也沒有任何可用的資訊。

生活中，也有人誇張地大喊「的確如此」、「就是這樣啊」等等，會這麼誇張地表示同意的人，多半是為了掩飾自己知識的不足，他們往往是不懂裝懂。這種類型的人多半在二、三十歲的小夥子身上，在一些女性身上也可以經常看得到。

對於連續發出「的確如此」、「的確是這樣啊」短句，卻不發表自己意見的人，如果是工作的對象，你可以繼續表達你的想法，就當做他們是全面贊成或者加大說服的力度，促使對方表示進一步的意見。如此一來，他最後想推脫責任都不可能了。如果是生活中朋友或熟人，不妨勸他們打開天窗說亮話，直接問他們對這件事的看法怎樣。

CHAPTER 3

從說話習慣看交流之道

把「誠實」掛在嘴邊的人最不可信

如果你去市場逛一圈，你的耳朵會被「我不騙你，這東西真不錯」「騙你我就……」灌滿。事實是，你很可能相信了他的鼓吹，買回了一堆「用了生氣，丟了可惜」的東西。西方流行這樣一句諺語：「當真理還在穿鞋的時候，謊言已跑出很遠了。」要知道，當人們覺得有利可圖的時候，往往會選擇將「誠實」掛在嘴邊，當他們不停地念叨「不騙你」時，往往最不可信。

又到了發薪水的時間，這次丈夫卻只交給妻子一小部分，妻子問丈夫：「這次薪水這麼少，錢都哪去了？」丈夫眨了眨眼說：「最近公司業績特別不好，每個人都只領到一部分薪資。」

妻子說：「不可能啊，上午我還碰到你們部門的王經理，沒聽他說你們公司業績不好啊？」丈夫紅著臉，有些著急地說：「妳怎麼不相信我？我什麼時候騙過妳？我是什麼種人妳還不知道啊？」

妻子沒有相信丈夫的話，她假裝要打電話給王經理，丈夫才只好承認自己將薪水都賭輸了。當一個人心虛但想讓你相信的時候，他會特別強調自己是「誠實」的，越是這樣說，越體現了他內心的忐忑不安，底氣不足。如果你在他表明自己是「誠實」的時候保持沉默，他會變得更加心虛，以為自己受到了懷疑。為了取信於你，他不停地提到「誠實」，和你賭咒發誓的，就像例子中的丈夫一樣，他用了三個疑問句來表明自己是「誠實」的，殊不知，這些越描越黑的話正洩漏了他的不可信。對於心懷坦蕩的人來說，他們作出了解釋，心情就是輕鬆的，他不會再多說什麼了。反之，如果是嘮嘮叨叨地向你表明自己是誠實的，這樣的人往往不可信。

仔細觀察可以發現，總是把「誠實」掛嘴邊的人，經常說錯話。他們的話經常前後矛盾，讓你想不懷疑都難。其實我們每個人你都有在無意識中說出奇怪的話的經歷。心理學家佛洛伊德認為，說錯、聽錯，或者是寫錯等「錯誤行為」，都是將內心真正的願望表現出來的行為。

一般情況下，說錯話的一方都會找出自己是「不小心」、「不是真心的」等藉口，他們會說：「我不騙你，是真的，我那樣說是不小心的！」但實際上，那不小心說錯的話，其實才是他真正想說的。這在人們的日常生活中，可以說是屢見不鮮。如果你的交談對象是個常常會說錯話的人，我們可以推斷他們是習慣性地隱藏「真正自己」的人，也是個表裡不一的人。而且，他們心中總很強烈地禁止自己把真心話表露出來。

「這件事絕不能講出來」、「這事絕不能弄錯，非小心不可」，當他們越這麼想的時候，便越容易將它說出來。相信很多人在日常生活中，也會遇到類似的情形吧！越是被禁止的東西，越去壓抑它，就越容易流露出來。

總而言之，暗藏在交流對象心中的許多事情，當他們越想要去隱瞞它、掩蓋它的時候，就越容易說錯話或做錯事，無意之間讓心虛表露無遺。

名字還是暱稱，判斷彼此的親近程度

有一天很親近的朋友忽然用「您」、「府上」這種冰冷的字眼稱呼你，相信你一定會有想打他一拳的衝動，你會感到詫異：「他是不是瘋了？他沒病吧？」是的，這種冷冰冰的稱呼讓你有種不知所措的感覺，除了不舒服，你也感受不到絲毫的親近感。這樣的稱呼，彷彿一下子就把你們之間的距離拉遠了。

小莉進入單位的第一天，上司帶她認識部門同事時，她非常恭敬地稱對方為先生或小姐，不少同事欣然接受。三個月過去了，有一天，部門的一位女同事遞給小莉一份快遞，小莉很有禮貌地說：「謝謝您，李小姐。」

這位女同事連忙搖頭：「大家是同事，妳可別再叫我李小姐，直接叫我名字就可以了。」

可見，稱呼並不是簡單地喊名字或使用尊稱，它還體現著雙方關係發展的程度。在人際交往中，可以根據他人對我們的稱謂——名字、暱稱或是尊稱「您」，來判斷彼此之間的親近程度。

1、稱呼你的職務、頭銜

如：李經理、王主任、張總，等等。一般別人在稱呼你的時候加上你的頭銜，這表示他對你敬意有加，他重視你的地位，一般對權力和權威很難抗拒。這種稱呼也是中規中矩的，是社交場合中最常見的一種稱呼。

2、稱呼你的行業

如：李老師、王會計、張律師，等等。如果你是個從事某些特定行業的人，這樣稱呼你的往往是你的同事，他和你保持著不遠不近的距離，這樣的人往往性格內向，略顯拘謹。

3、稱呼你的名字

一般來說，初次見面就直呼你姓名的人比較少見，一般都是熟悉後的朋友，大大咧咧地喊你的名字甚至暱稱。如果對方是和你關係比較親近的同事、鄰居，他往往會在你的姓前加上「老、大、小」等首碼。這樣的人往往性格開朗，愛說愛笑，對你的好感也毫不避諱。

4、叫你的外號

如：小泥鰍、小蚯蚓、大笨豬，等等，能這樣稱呼你的人，不是你的從小到大的玩伴就是你的戀人。你想從他的嘴裡得到恭維話，那簡直比登天還難。和你相處，他很輕鬆隨意。儘管他的性格裡有些逃避的成分，往往不是很積極，而且還總裝著對你毫不在乎，但其實在他的心裡你才是最親近的朋友。

中國是禮儀之邦，稱呼禮儀可謂豐富多彩。在社交生活中，稱呼除了體現人與人之間關係的親疏遠近之外，有時候還和具體的語言環境有關。如，不同的企業就有不同的稱呼。一般來說在歐美企業，無論是同事之間，還是上下級之間，一般都是互叫英文名字，即使是對上司甚至老闆也是如此。如果別人用職務稱呼你，反而會讓你覺得彆扭。

而有些企業注重傳統，企業文化比較正規嚴肅，大家可能會根據習慣，稱呼你為「先生／小姐」「老師」。「老師」這個稱呼還適用於文化氣氛濃厚的單位，比如報社、電視臺、文藝團體、文化館等。這個稱呼能表達出對學識、能力的認可和尊重，因此受到文化單位職業人的青睞。

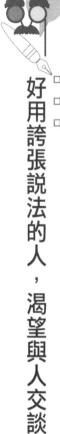

好用誇張說法的人，渴望與人交談

生活的語言要是用簡單的顏色來劃分，我們可以將它分為黑、白、灰三種。假設樂觀的人用白色的語言：「好極了」「太棒了」「相當完美」「最美的」；悲觀的人用黑色的語言：「太糟糕了」「太可悲了」「失望透頂」「最討厭」，等等。那麼剩下的灰色語言就是我們大部分人在日常生活中所應用的了。像黑、白這種極端的語言，由於沒有中間過渡的灰色成分，我們把它稱為誇張說法。

假設你在社區裡遇到一個好用誇張說法的人，你說：「天氣不錯啊！」他通常會接你一句：「是啊，簡直太棒了，從來沒遇到過這麼好的天氣！」如果你和他聊起幾年前你去看頸椎，遇到了一個很討厭的醫生，那麼他會說他碰到的醫生比你遇到的糟糕一百倍。如果你表示知道一家火鍋料理店很不錯，他則表示他知道全世界最棒的火鍋料理店在哪裡。這種談話過程讓你痛苦無比，而他自己並沒有意識到這一點。

通常來說好用誇張說法的人，往往缺乏安全感或是希望受到他人的注目。他們十分渴望與人交談，也想控制談話內容和談話者的行為。他們往往會說：「那家餐廳簡直完美極了，你怎麼不去嘗嘗？」「那本書簡直糟糕透了，誰買它就是大傻瓜，你不會買了吧？」

好用誇張說法的人喜歡用這些極端的字眼來描繪事物，像「完美極了」、「糟糕透頂」、「簡直是大傻瓜」，等等。有時候，他們不是想控制他人，只是因為那是他們看待事物的方式。他們透過這樣誇張的字眼引起你的注意，逼得你不得不聽他們講話，與他們交流。

通常情況，我們都不喜歡和這些好用誇張說法的人聊天，覺得他們說話不可靠。由於缺乏與人溝通交流，他們容易對生活產生不滿，也急於告訴他人這一點，越誇張越讓人避之不及，越沒有溝通越感覺無奈。於是，他們總像是生活遭遇了重大打擊一樣。其實，他們需要的往往是你能坐下來，安靜地聽他聊一聊。

愛打斷他人話題的人，也是想引人注目，渴望與人交談的一種人。他們內心缺乏安全感又渴望被人重視，他很想搶走別人的風采，要大家都聽他講話，成為眾人矚目的焦點。這種人極度自我，會東拉西扯不擇手段地引導話題的走向。他們會挑起一個毫不相干的話題聊個沒完沒了，或者拉住一個話題不放以便控制聊天的場面。

他們不會認真聆聽你的談話內容，不會專注於你所講的每一個字，有時候聽了你的話他樂得不得了，非要插一腳不可，或者是在緊要關節和你來一場唇槍舌劍，讓你十分懊惱。這樣的人多半沒有惡意，他們給人的印象永遠是快人快語。實際上，他們只是對你的談話內容不感興趣，或者是渴望與你交流，期待你的重視。

老調重彈的話題，希望你繼續追問下去

你一定有這樣的經歷：某一天你遇到一個不厭其煩老調重彈的人，他的喋喋不休搞得你想插嘴都難，他沉浸在自己的世界裡無法自拔。你有大吼「受不了了」的衝動，可是出於禮貌卻不得不忍受……

每個人都有喜歡的話題、愛講的小故事或美好的回憶。除了年老健忘之外，經常老調重彈不顧忌他人感受的，一般是出於以下兩個目的：他想避免談話中斷時的尷尬，所以用這些話搪塞過去；或是想確認你能收到他內心的資訊，希望你能繼續追問下去。

小麗是一個體重超重的女孩。在一次聯誼會上，她一會和人大談特談自己十八歲時苗條秀美的樣子，一會又把那時的照片翻出來給大家看。看著大家都失去了興趣才轉向聊其他的話題，她又不止一次地提起自己五年前減肥成功的事蹟。她說：「我那時候真胖啊，比現在還胖呢，有一百多公斤，後來吃了減肥藥又拼命運動，還真瘦了……」她的嘮叨漸漸引起大家的反感，聯誼會的氣氛頓時尷尬起來。

從例子可以看出，小麗這樣多次重彈老調無非是想引起大家的注意，對她的話題追問下去。話題的不斷重複和這些明顯的自吹自擂，表示小麗內心極度缺乏安全感和自卑感，這可能是由於她體重超標引發的。她也很想被接納，甚至不惜把話題引到女孩避諱的體重上。她利用這樣的話題來確認大家接收到了她內心的一些訊息，她想讓大家對她的話題發問，「怎麼變胖了？怎麼減肥成功了？」這些問題在她心中已經有了預設的答案，她很期待大家發問，這也表明她的內心很孤獨。

家裡年邁的老人也常常有這樣的表現，他們「拉不斷、扯不斷」絮絮叨叨地重複著同一話題，他們內心希望的是我們能像小時候聽他們講故事一樣，在關鍵的時候表現極大的興趣，追問他們「接下來呢？再來發生了什麼？」

如果你遇到沉迷到某個話題無法自拔的人，不要試圖打斷他。從他的談話內容中，你可以尋找到他內心的答案，究竟什麼因素引起了他的焦慮、不安、困惑或者是歡喜和滿足？不管原因為何，你要知道，他的思緒已經被一些事物完全占滿，暫時無法容納其他的事物。這些事情不會憑空消失，無法被忽略，這些看起來無關痛癢的事物，你的交流者卻迫切地想讓你知道，即使你明確地表示你已瞭解，也不一定會轉移他的注意力。

常說太太不是的男人，煩惱很多

西方人一般都會在他人面前稱讚自己的太太，但中國男人往往不同，他們喜歡有些謙虛地數落太太的不是，因此古人稱自己的妻子為「賤內」、「拙荊」，等等。當然，這種叫法在年輕一輩中已很少見了。

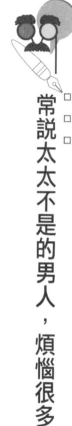

有些男人往往是故意指出太太的缺點，以這種表現來維持與他人之間的人際關係，一般是「你透露點太太的不是，我也抱怨一下太太的不是，大家彼此調侃一下」，所以聽者完全不會相信這類貶低之詞。

有些男人則不同，他們會把太太的缺點照直告訴別人，有時甚至誇大事實。儘管聽者並不願意聽當事人說其太太的壞話，這位丈夫卻刻意提及，不論對方是否問起，也要主動提及，狠狠批評。批評的內容包括太太的為人處世，待人接物，甚至包括身體上的缺陷，以及烹飪、洗衣、教育兒女，等等。他們一談起太太來，可以無所不談，與你推心置腹。他們彷彿不懂得，人不可能十全十美，總是苛求太太完美。他們有很多的煩惱，總是感覺不到快樂。對太太更是「欲加之罪，何患無辭」，談論的題材總是花樣翻新、源源不斷。

細心觀察可以發現，常常說太太不是的男人，多因為以下兩種原因：

其一，是他在家中與太太相處不和諧，對太太心存不滿，只好借著批評和牢騷來排解心中的煩惱。這種類型的人，並不會考慮你聽後的反應。

其二，是這類人對自己妻子要求苛刻。他的內心強烈缺乏安全感和滿足感，所以他才想在妻子身上得到補償。這些人忽略了太太的感覺。太太是一個成熟的人，對成年的人要求過多，自然會引起對方的反感，當然無法達到目的。夫妻雙方都各有優缺點，而結婚本就是互補所短，以促進彼此的成長。但常說太太不是的人卻無心努力，心中總感覺不滿，所以喜歡對太太過多加以指責。

如果是領導的人物，常說太太的不是，還特別喜歡選擇女下屬或女性朋友的作為聊天對象的男人，一般都是有目的性的。這種人大約都只是輕描淡寫地談太太不是，女下屬或女性朋友聽了之後，就會妄下斷言，認定其夫妻關係不和，而與其關係更加親近，通常就造成了不可挽回的局面。

再者，漫不經心地談自己老婆不是的人，是很懂女人心思的男人，他們的目的就是要借機靠近這些女人來博得她們的同情。他們認為這樣做可以使自己的心靈得到慰藉，也可以填補自己太太的缺陷，他們也企圖尋求短暫的滿足。但事實上，若這種男人家中真有個「母夜叉」搞得家裡雞飛狗跳，恐怕他們也沒有時間在外面拈花惹草。

總之，常說太太不是的男人，大多是吃飽了沒事幹的人，他們在家裡多半「衣來伸手，飯來張口」，戴著太太打好的領帶，穿著太太熨燙好的衣服，卻從來不知道滿足。這類人常常欲求不滿，所以感覺煩惱很多。

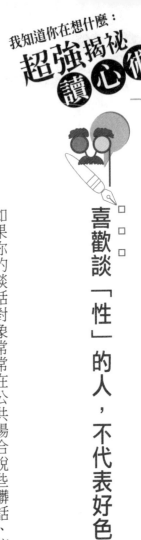

喜歡談「性」的人，不代表好色

如果你的談話對象常常在公共場合說些髒話、痞話，並且毫無顧忌地和你討論著有關性的話題，相信你一定有些不適應，會在心裡給他扣上「色狼」的帽子。其實他只不過是假借粗魯低俗的語言來掩飾自己在性方面的自卑感，他如此「性」致勃勃，並不代表他一定好色。相反，有的人一涉及性的話題，便像被踩了尾巴似的，表示出極端討厭的情緒，那些人反倒對性異常關注。

如果你是位女性，你的男友總喜歡和你談「性」，別把他當成色狼。事實上，他有時只是在試探你，即使他表面在講「要求貞潔已經過時」之類的話，也多半不是出自真心，而且可以這樣說，越是強調這句話的男人，其內心越是強烈期望對方是貞潔的。如果你相信了他「我不在乎，你告訴我吧」的話，一旦你講出來，你的往事他就會牢記心中，儘管表面上他會裝得若無其事，但其實只是一種假裝矯飾的姿態而已。

自古以來，認為女人婚前要保持貞潔是理所當然之事，否則就會被認為是淫蕩不羈的壞女人。近些年強調這種觀點的人少了。然而大多數情況是口裡雖然不說出來，但是對女性的要求仍然相當保守。有時候表面上愈是故意裝得平靜，愈是難以忘懷對方的過去。

從女性的角度來看，很可能會認為這是男人不希望女朋友心存往事的一種表現態度，很可能認為這個男人很大度、很富有男子漢氣概，但從心理學上來看，這樣做卻是出自一般男人對女人的不信任感。其實這種男人和那些嫉妒心強以及獨佔欲重的人並無兩樣。只是他的不安感是來自害怕女人結婚後會移情別戀或是擔心對方是個水性楊花、不禁誘惑的女人。因此，喜歡和你談「性」的男人，往往有時更注重傳統的貞操觀念。

一般受過教育的人，是羞於公開談論性問題的，於是便在下意識中，將話題轉移到別的上面。曾經有一段時間，男人的話題都離不了汽車，汽車的能量、行車距離、速度、馬力等，美國某雜誌針對這種現象做了以下的回答：「或許你並不相信，事實上男孩子談論汽車的事，是在暗示他們的性器官的大小和能力。因為在女孩子面前不適宜談論這種話題，才轉而借談汽車來加以表現。因此，你只要裝出洗耳恭聽的樣子，就能滿足他們的自尊心了。」汽車與性相連，絕對不是荒誕無稽的。從心理學的觀點來看，汽車是男人性器官的象徵，而它的空間，則代表著女性的性器官。

然而，女性在談論這方面事情的時候，往往用羅曼史作為包裝紙，把這些事情用包裝紙包起來，她們就敢放心地高談闊論了，而且她們還可以發誓說，她們只是談談羅曼史而已，與性絕對扯不上關係。但你可以斷定那些滿嘴浪漫的女性對性並不滿足，而且在不知不覺中已經表現了她們在性方面的欲望。

在公司裡，有些很引人注目的女性，經常受到男同事的邀請，於是就會引起其他女同事的妒忌和不滿，於是招來各種流言飛語：「哼，瞧她那個德性！臭美！」「嘿，人家就有那個福分！」「瞧，那麼多男人對她巴結奉承，可真叫人懷疑，擔心……」等，被貶得一文不值。

她們散佈種種流言，藉以使他人的名聲一落千丈。這樣說的目的，無非是想告訴別人：「我們雖然也已經成熟，但是我們卻不會像她那樣輕浮。」她們自恃貞節，實際上，這種女性的所謂貞節並不可靠。從她們熱衷猜疑談論某人「作風」問題的本身，就足以表明她們對這種生活的嚮往。她們自認為貞潔，並以此作為自己的美德，不過是自欺欺人罷了。但是，儘管她頭頭是道地說「貞節是女性的美德」，口口聲聲說「某某小姐作風輕浮」，而她們的心中卻在說：「我真想讓男性誘惑一回。」而且一直也這樣盼著。

總提及家人聲名和財富的人，愛炫耀

家人，是血管裡流著相同血液的親人；家人，是帶給我們關懷、照顧和幸福的人；家人，前進道路上的精神支柱；可以說，家人在每個人的心中都佔據非常重要的位置，然而，生活中的有些人，他們會不住地提及家人，但他們強調的不是對家人的愛及感激，而是因為家人有著顯赫的地位或者很多的財富，他們口口聲聲強調的總是家人的聲名或財富，充滿著炫耀心理。這類人信奉「背靠大樹好乘涼」，不想靠自己的努力，只希望借著家人的東風，平步青雲。這樣的人永遠不會憑藉自己的實力獲得成功。

可以說，從一個人對家人、對家庭的態度就能夠看出來這個人對生活、對工作的態度。有的人關心家庭、愛護家人，即使工作很忙，也會抽時間和家人一起吃飯。家庭是他們心靈的港灣，家人帶給他們快樂，他們會以家人為驕傲，在和同事出遊、和朋友談心、和領導聊天的時候，他們言語間總會不自覺地說起他們自己的家人。這樣的人，對待生活很認真、很樂觀，對待工作自然也不會差，因為有家人在背後支持著他們。

而有的人，很少提及家人，你幾乎不知道他還有個姐姐或者弟弟、妹妹。這樣的人，一方面可能是由於其他方面的事情太多以至於忽略了家人，另一方面可能是因為愛過傷害，例如，孤兒、或者父母離異、或者家庭不幸福的人。就前者而言，在當今社會，現代人承受著巨大的工作壓力，他們也許會因為工作而缺少對家人和家庭生活品質的關注。

如果因為工作而忽略了家人的感受，即使在工作上再成功，也還是最大的失敗者。幾乎每個成功的人士，都會反覆強調家人的重要性，他們對家人充滿著愛與感激，可見家人在一個人的成功過程中起了多麼大的作用。

我們如果想瞭解一個人，可以觀察他在什麼情況下提及家人，這與他對家人的態度、他對生活的態度是緊密相關的。有些人在外人面前表現得和藹可親、溫文爾雅，而在家人特別是在配偶面前卻很容易發脾氣，在外工作不順或受氣後，把這些壞情緒轉嫁給親人，使親人的身心受到損害。

每個人每天都要離開家去上學或上班，融入另一個社會群體中，他們與其他人的接觸一定少不了。他們認為，在外面，不論喜歡不喜歡，無論面對什麼人，他們不得不戴上面具，吞聲忍氣、卑躬屈膝、甚至裝模作樣。好不容易回到家裡，終於可以舒一口氣了。可是，他們卻會在不知不覺中傷害家人。他們認為家人就應該接納自己的所有負面情緒，幫助自己進行發洩，如果家人稍有微詞，他們就會覺得家人不理解自己，因此對家人產生怨氣，就不會以家人為驕傲，也會很少對別人提及家人。

與親人一起的時候應該是人生中最美好、快樂的時光。對家人的付出也應該充滿感恩的心情，多關注家人，多給家人以肯定。雖然大家都知道這些，可在現實生活中，有的人往往卻做不到。例如，許多男人下班回來，無視太太為了小孩及預備晚餐忙得團團轉，卻蹺起二郎腿就看電視、玩電腦。其實，這時先生如果對妻子說：「親愛的，我跟孩子玩，讓妳專心做飯，做好以後就叫我幫忙添飯。」妻子心情自然會好，家庭氣氛也可以溫馨和樂。許多妻子一看到丈夫回家，就嘮嘮叨叨，抱怨這個抱怨那個，丈夫也很不開心。其實，對於妻子來說，如果有什麼傷腦筋的事要告訴先生，比如：屋頂漏水了要翻修、臨時有一筆龐大的開支、小孩成績退步了等等，必須衡量時機，不要在他剛進家門、一天上班的緊張情緒尚未平靜下來之前，就對他念念叨叨。

家庭的地位和工作都同樣重要，只有那些重視家人的人，才能擁有快樂的家庭生活，才會有良好的工作績效。那些關注家人，與家人保持良好的互動，瞭解家人需要的人，才不會因為工作壓力影響心情，才不會造成家人彼此之間的疏遠。

開場白太長是缺乏自信的表現

為促進相互之間的人際關係，大部分人交談前都會準備一段開場白。的確，和對方見面時，如果不先說點引言，就直接切入重點，可能會令人對自己的意圖產生誤解，進而產生戒心而不容易溝通。所以在商業交談中，開場白是不可少的。

一個人開場白過長，聽者不容易抓到說話的重點，不過是浪費時間，徒增焦急。但不知為什麼還是有人喜歡把開場白說得很長。

首先，可能是說話者對聽者的一種體貼。假如對方是個敏感仔細易受傷害的人，直接談到問題重點，可能會對對方造成衝擊，所以說話的人就刻意拖長開場白，以顧及對方的反應。另一種人則考慮若開場白太過簡短，可能導致對方誤會或不悅，因而留下不好的印象。基於這種不安，所以延長開場白。由此可知，說話者無非是為了更詳細地表達自己的意思，所以才有很長的開場白。

開場白太長也會令人不耐煩，但有些人卻矯枉過正，在面對上司、前輩時，害怕自己過長的開場白會使對方產生反感而遭斥責，所以不斷地顧及對方態度，這就太反常了。此外，有人應邀演講時，也難免會把開場白拖得很長，這則是為缺乏自信所做的一種解釋。

為什麼有人要利用開場白為自己辯解？通常說來都是為了隱藏自己的不安，於是，有些人就會借很長的開場白來為自己辯解，所以，這種人應是小心翼翼的人。

常發牢騷的人，往往苛求完美

倘若你想瞭解一個人的個性，最直接的方式莫過於讓他自己道出個性究竟怎樣。可惜的是，人有時也未必真正瞭解自己，但是你卻可以從其談話習慣來判斷他。每個人都有其特定的談話習慣，有的人談吐幽默，妙語連珠；有的人卻顛三倒四，廢話連篇；有的人牢騷滿腹，抱怨不斷等等……總之，談話習慣不同，反映出人們的性格也不同。

一天，某酒吧來了一位妝容精細的女士。只見她邁著優雅的步子，逕直走到有落地窗的位置。這時，服務生走過來說：「對不起，小姐，這個位置有人預定了！您看是不是可以換到另外一個位置！」「什麼？你要我換位置？你是怎麼做事的？我就是喜歡你家這個位置才來的，每次我都坐在這裡。還有，今天這桌布怎麼換顏色了？花的位置擺放的也不對……你們經理呢？給我叫來！」可憐經理被叫來了，這位優雅的女士一直不斷地對他發牢騷，足足有半個多小時。經理不停地道歉，按照女士的意思更換了桌布，重新擺放了鮮花的位置……

從例子可以看出，這位優雅的女士十分苛求完美，小到桌布、鮮花、一個就餐的位置都要斤斤計較，牢騷不斷。而且她在說話的時候，完全不顧忌他人的感受，這充分體現了她的自私自利，缺乏寬容別人的氣度。

事實也是如此，如果交流對象總是不停地對你抱怨，發牢騷的時間大於談正事的時間，你就要小心了。因為你遇到的人十分追求完美，他們大多是好逸惡勞、貪圖享受的人。你如果和他們共事，他們對你的要求將會相當嚴格的，簡直可以用苛刻來形容。但是對自己，他們卻相當放鬆。

「嚴以律人，寬以待己」這是他們用在別人身上的，你想讓他們用在自己身上？想讓他們設身處地地為你想想？還是別做夢了。如果有一天他們想改變自己的處境，也只是隨便想想。他們更習慣安於現狀，坐享其成，而不付諸實際行動。一遇到挫折和困難，就逃避退縮，把原因都歸結到外界的因素上。有人曾說：「人有兩種表情，一種是臉上所顯現的表情，另一種是從說話習慣傳遞給對方的資訊。」所以語言是人類的第二種表情，我們是可以從一個人說話的習慣上看出一個人的性格的。

生活中，你還可以看到另外一種人，他們說話拖泥帶水、廢話連篇。但和愛發牢騷的人不同，他們不敢大聲地表達自己的不滿，他們大多比較軟弱，責任心不強，遇事易推脫逃避，膽子比較小，心胸也不夠開闊，嘮嘮叨叨，整天在一些雞毛蒜皮的小事上糾纏不清。雖然對現實的狀況有許多不滿，但缺乏開拓進取精神，並不會尋求改變，只是在等待，容易嫉妒他人。

所以，人類的語言不光能把想表達的意思傳達給對方，透過不同人的說話習慣，我們還可以分析出他們的性格特點，可以說，每個人的語言習慣都是在日常生活當中不知不覺形成的，它是帶著性格印記的。

說話像放連珠炮的人，往往缺少心計

我們經常會遇到說話像放連珠炮的人，他們一張口，別人就沒有機會說話了。這種人通常表現得很熱誠、能說會道。其實，這往往顯示了他們思想簡單，沒有心計。

說話像放連珠炮的人不僅說話速度快，而且音量高。這對於說話者自己來說，因為說話的速度過快，肯定沒有足夠的時間來思考自己的話裡的意思，去顧慮別人的感受和反應。這樣，說話者本身洩露了太多的東西。很容易招致你的誤解。

此外，說話像放連珠炮的這類人將兩個人的交流變為「個人脫口秀」，說話的完全當你不存在，即使你厭煩他也沒有用，他已經沉浸在自己的舞臺無法自拔了。這些都表現出這類人說得多想得少或先說後想的單純性和直接性。

通常，小孩子發現一件事情或玩得興趣盎然時，也會不假思索、滔滔不絕地地對家長或他人將自己的所見所聞全盤說出來，就像放連珠炮。他們完全不顧忌自己的語無倫次，急於表達自己的想法。有時候小孩就是我們身邊思想最單純、也沒什麼心計的人群。

我們說話的目的就是透過語言表達讓對方領會自己的意思，但說話像放連珠炮的人由於說話語速太快，你和他交談，會追趕不上他的思維節奏。你會感覺很累。而如果你不能確切地把握其聽到的內容，又會使得你們之間造成不必要的尷尬，甚至是誤會。

在工作以及生活中，這種人都會因為雷厲風行和快人快語的性格，而容易收穫他人的好感。但同時，他們也會因為說話不經過大腦也不顧及別人的感受而得罪人，或因表達不清、言語太多而遭人反感，所謂言多必失，就是這個道理。

因此，我們在與說話像放連珠炮的人交流時，不要因為他們的話語帶刺就覺得自己受傷，甚至誤解或者記恨對方，也不要因為厭惡這種說話方式而迴避他們。要知道，這類人往往最沒有心計的，他們思想單純，值得交往和信賴。

背後說三道四的人，多刻薄挑剔

生活中，有一些人總喜歡在人背後嘀嘀咕咕，說三道四，還自作聰明地認為當事人不知道。心理學家經過調查研究發現，這些人其實為人大多刻薄挑剔。

鈺梅和菲菲是同事，在一個辦公室工作，兩人關係不錯。一天她們一起去列印資料。菲菲對鈺梅說：「唉，小梅，妳知道嗎？小雨被資遣了。」

「哪個小雨？」鈺梅睜大眼睛問。

「就是公關部的張小雨呀。」

鈺梅感覺十分意外，就問：「為什麼被資遣了，她不是一直表現的不錯嗎？」

菲菲說：「妳不知道啊，她啊，要學歷沒學歷，要本事沒本事。我聽人說她是走後門進來的，仗著自己年輕有幾分姿色，呿，還不是被資遣，所以說女人啊，就得要點臉，多學點東西……」說到這裡，她詭祕地一笑。

菲菲自以為很聰明，殊不知，被辭退的同事正是鈺梅家的親戚，當時的後門正是「鈺梅」。不用說，鈺梅的臉早被氣得變了色。

從例子可以看出，那些背後議人是非者，都有其共同的特性：妒忌心強、刻薄挑剔。他們對於那些比自己能力強的人恨得牙根都癢癢。於是，就想方設法散佈小道消息，搞臭別人的名聲，並以來表現自己有多偉大似的。他們是名副其實的自私自利、氣度狹小的小人。所以有人說，寧得罪十個君子，不得罪一個小人。因為「小人」對別人的要求總是相當苛刻和嚴格，但卻從不同樣要求自己。別人新買的一雙鞋，一支手錶，都有可能成為他們的話題。

常在人後說三道四的人，一般沒有什麼好人緣。有時候雖然他們也很想改變對自己不利的處境，但卻懶於學習與人相處之道，他們也不相信「言多必失，禍從口出」的古訓。相反，為了換取「談資」。他們往往還成了「包打聽」，平日裡，他們最喜歡打聽別人祕密，從心理學的角度看，一個人知道了他人的祕密，要想長期隱藏在自己的心中是一件很難的事情，一般都有「知道了別人的一些祕密，要去好好炫耀」的衝動，進而就會把它當做好的「談資」加以誇張、散佈了。

有位哲人曾經說過：「距離產生美。」在人際交往中，保持適度的距離既是禮貌的象徵，又是美感產生的前提。這種距離既包含個人心靈空間的距離，又包括與人交往尺度分寸。過多地打聽別人內心的祕密，過多地在人後說三道四的人，往往都不是什麼君子。

從不說別人壞話的人，多不可信

在生活中，你一定見過這樣的人，你得勢時，他追在屁股後面恭維你，彷彿願意為你赴湯蹈火。但同時他也在暗中算計你，打壓你，積累著一切對你不利的資訊，作為有朝一日陷害你、取代你的致勝法寶。這樣的人在平日裡往往絕口不說別人的壞話，從不批評別人或在人前搬弄是非。

從不說別人壞話的人，有的確實很因為善良、寬容，看不到別人的缺點或者不好的一面，這樣的人通常是名副其實的好人。不說別人壞話與是非的人，因為口風很緊，似乎很值得信賴，但是並不是所有不說別人壞話的人，都是好人。事實證明，從不說別人壞話的人，往往都不可信，他們並非看不到別人不好的一面，而只是為一時之便不說出口而已。

賈充是魏晉時期司馬氏家族的心腹，司馬炎稱帝以後，對他分外寵愛，授予他高官。賈充則對上諂媚邀功，對下拉幫結派，打壓異己，朝廷內的正直人士對他無不深惡痛疾。

侍中任愷是治國之才，秉性貞良，也深為司馬炎所賞識和器重。任愷對賈充十分厭惡，這使賈充內心十分不安，賈充總擔心任愷會在皇帝面前揭露自己的真面目。於是，他就研究怎麼將任愷從皇帝身邊調走，當然不能說壞話，不但不說壞話，還要說好話。終於，他想到了一個兩全其美的辦法：推薦任愷去給太子當老師。

按照封建朝廷的制度，太子的老師不能過問朝政，只能陪太子讀書，而太子是個白癡，給他當老師肯定是受累不討好。於是，賈充向司馬炎極力誇讚任愷如何忠貞正直，如何有才學，是給太子當老師的最好人選。司馬炎接受了這個提議，但依舊保留他所任的侍中一職。賈充枉費心機，十分懊惱。

對於賈充的「好心」，任愷自然心知肚明，他決定「以其人之道還治其人之身」，好好回敬一下賈充的「好心」。恰巧此時西北少數民族襲擾邊境，司馬炎十分著急，決定派人前去鎮亂，任愷說：「這是一件重大的任務，應當派一名德高望重、足智多謀的朝廷重臣前去鎮撫。」

司馬炎問：「卿看誰可擔當此任？」

任愷說：「賈充！」司馬炎同意了。

賈充自然更是不願意離開朝廷。就在赴任之前，趕緊商量對策，最後終於決定：賈充同皇帝聯姻，將他的那個貌醜而性妒的女兒賈南風許配給白癡太子司馬衷。

賈充、任愷這兩個人最終還是都留在了皇帝身邊，但賈充不肯罷手、故技重施，又一次在司馬炎面前稱讚任愷如何地人品好、才學高，為朝廷選拔官吏之事非他莫屬。這一回司馬炎覺得賈充說得在理，便任命任愷為吏部尚書。毫無疑問，任愷接近皇帝的機會大大減少了。於是，賈充便成天在司馬炎身邊誹謗，伺機造謠誣陷，終於使任凱丟了官。

從例子可見，不說別人壞話的人並不見得就是好人。有些人在和競爭對手鬥智鬥勇時，不會開口說對方一句壞話，當面不說背後也不說，不止不說壞話，反而還盡可能說好話，在上司面前替對手說好話。這樣一來，即使對手失敗了也想不到他們的頭上。一般來說，總是違心說別人好話的人，城府很深，他們懂得放長線釣大魚，所以，面對只會讚美而不批評別人的人，適度地心存懷疑或許比較好。像這樣的人，往往一回到家裡，便會對著老婆訴說著朋友或者認識的人的不是。

面對這樣的人，不要急著將自己的心裡話和盤托出。暫時以「好心」應對「好心」，以和緩的方式與他相處，等觀察狀況之後再做打算，才是上上策。

主動充當介紹人的人，愛表現自我

「你提到我沒啊？你跟他提我，他一定會幫你解決！」「聽說你明天要到外地出差，那兒正好有很多我的好朋友，你只要跟他們報我的名字，保證你辦事會很順利。」有的人就是如此，別人還未請他幫忙，就主動為人介紹朋友。

如果這位出差的人士靠這位朋友的介紹，得到當地朋友的特別照顧，同時借著這些人的面子和信用，工作確實開展得很順利，甚至他們還體念你剛到陌生的地方，晚上帶你四處玩耍，那麼這種人的好意實在不錯，但多半情形都是儘管你按地址找到了其人，情況卻與預期的不同。

其中原因可能是因為被推薦人並不像介紹人所說的可以值得信賴，而且兩人也沒什麼特別親密的關係，所以才會得到冷漠的待遇。

如果出差的地點是在外國，這個介紹人想發揮自己影響力的欲望也就更強烈，所以我們可聽到他說：「喂！你這次是不是要到倫敦？你可以拿我的介紹信去拜訪這個人，或者你到了紐約去找這個人……」如此一一介紹。而當事人信以為真，拿著那封信拜訪被推薦人，結果可能又和前述境遇相同，不但自己的希望破滅，對方也許根本不知道介紹人為何許人。

這種人之所以如此熱衷於幫別人介紹朋友，原因之一是這些介紹人可以透過為人介紹這一行為，來滿足自己愛管閒事的衝動。他們特別喜歡表現自我。當然，他們一方面也是出於好意，理解朋友人地生疏；另一方面，也是向朋友表示他有不少知心好友，他很有辦

但這些人的想法未免太單純，因為他們既然要替人介紹，至少應該知道必須對當事人雙方負責任。這些介紹人，表面上看來似乎很樂意照顧他人，本著「助人乃快樂之本」之心，事實上他們無法發覺自己並未盡到介紹人的

責任，只是以此滿足自己的虛榮而已。

總之，喜歡替人介紹的人，往往是渴望表現自己的能力卻並未真正替被推薦人或第三者考慮。所以各位不要把他們的行為和真正喜歡照顧別人混為一談。

說話聲音大的人，性情多粗獷

有些人天生一副大嗓門，說起話來擲地有聲、高聲大氣。這樣的說話方式常被人們用來表達召喚、鼓動、說理、強調等情感。激動的心情配合高聲大氣的說話方式往往可以表現說話者的激情、粗獷、豪放的性格。

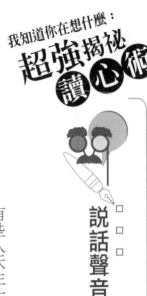

說話聲音大的人，大多脾氣暴躁、易怒，容易激動，他們性情粗獷，為人耿直、熱情，說話快人快語，不喜歡拐彎抹角兜繞圈子。這一類受不了委屈，如果你和他們爭論某事，他們只要認準了，就會據理力爭，直到弄出個「所以然」為止。他們是粗線條的人，有時會充當先鋒角色，起到召喚、鼓舞的作用，但有時也會被人利用，而自己卻全然不知。

《三國演義》中的張飛就是這類人的代表，他很受人們喜愛。他以豪放、勇敢、爽朗和耿直的品質深深地吸引著廣大的讀者。這個人物聲如巨雷，目若朗星，具有濃烈的草莽英雄氣概。在長阪坡一役，曹操率眾軍追趕張飛。張飛立馬橋頭，圓睜環眼，厲聲大喝：「我乃燕人張翼德也，誰敢與我決一死戰！」吼聲如雷，將曹軍部將夏侯傑驚得肝膽碎裂，跌於馬下，曹操回馬而走。這段有聲有色的傳奇故事，凸現了張飛粗獷的草莽英雄氣質。

一般說來，說話聲音高昂、洪亮的人大都有比較充沛和旺盛的精力，自信心充足，遇事能先發制人，以聲氣奪人。他們通常有一定的欣賞品味和鑒賞能力，待人熱情、誠懇，氣質優雅，能夠吸引一定人的目光，並且有榮譽感。

然而在生活中，我們還會遇到與之截然相反的人，他們一般口齒不清、聲音小如蚊蟻，反應也有些遲鈍。與這樣的人交流，最初你甚至會有厭煩的情緒，因為你聽不清他們要說什麼，也理解不了他們要表達的意思，但等到彼此熟悉後，你會發現這類人往往心思細膩，意志堅定，而且才華出眾，甚至會一鳴驚人。

說話聲音小、口齒不清、反應較遲鈍的人，通常有以下兩種情況：一種人是在平日裡語言表達不夠精彩，但在關鍵時刻卻能一鳴驚人，這表明他們心思細膩，內心想法很多。他們在某一方面往往有比較出眾的才能，如果勤奮，一般很快可以成功。

另一種人則是說話方面確實有些欠缺，他們也不太經常表現自己，往往注重少說多做，他們更習慣用實際行動去證明自己的能力。可見，這種人心思縝密、意志堅定。例如，愛因斯坦三歲多了才開始說話，中學時代的他連許多測試都不及格，有時候人家問他叫什麼名字，他都小聲嘟囔，好長時間答不上來。然而，他後來卻成了偉大的科學家。

說話聲音小、口齒不清、反應遲鈍的人通常會給他人留下天生木訥的印象，但他們中的大多數卻是心思細膩、篤志堅行，見解非凡，往往終成大事。這說明說話聲音小、反應遲鈍的人往往不是智商有問題，他們一般有較好的耐心，且內心活動豐富、善於思考。

由此可見，我們在與大嗓門或說話聲音像蚊子哼哼一樣的人交往的時候，不要單從他們的說話方式上判斷對方，只有多瞭解多尊重他們，才能真正走進他們的內心世界。

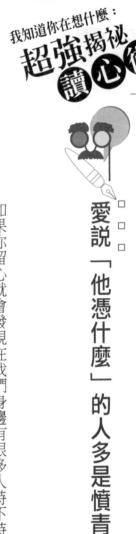

愛說「他憑什麼」的人多是憤青

如果你留心就會發現在我們身邊有很多人時不時地會冒出這麼一句話：「他憑什麼呀？」比如一天，小雨和幾個同事在辦公室午休，當她在網路上看到花邊新聞時，突然冒出來一句：「他憑什麼呀？」同事以為網上又出現了什麼爆炸新聞呢，結果大家腦袋湊過去一看不過是她的電腦當機了。

生活中像小雨這樣，無論遇到大事小情，總會大驚小怪地來一句「他憑什麼呀」的人並不在少數。冷不防地聽到他們說「他憑什麼呀」，你或許還會以為他們在和誰爭辯，事實上，這不過是他們的一句口頭禪、習慣用語罷了。一般情況下愛這樣說話的人為人正直，什麼事都喜歡打抱不平，只要遇到自己認為不合規律的事，他們就會覺得心裡一緊，血往上湧，進而產生憤世嫉俗情緒，有些「憤青」的感覺。

雖然他們在平日裡重複「他憑什麼呀」有時是出於正直和愛打抱不平，但是他們總會給人一種神經兮兮的感覺，事實上他們這麼說往往沒有針對的對象，也不是揮舞大旗要為誰討回公道，只是他們太感性，對公平和正義太過敏感，他們在重複自己的口頭禪時，與其說他們是在和誰爭辯，不然說他們是在強調和控訴。

在與人相處中，這種人一般會活得比較累和糾結，因為無論什麼時候什麼地方，只要他們遇到自己覺得看不順眼的事情就會插上一腳，或者停下自己的事去為別人憤憤不平。然而事實上這個世界原本就不是絕對公平的，權利都是相對的，最終他們只會累著自己。

無獨有偶，這類人不光愛說「他憑什麼呀」，還有人動不動就說「不信咱們打賭呀」，表面上看這種人似乎很自信，對他所要賭的事物有十足的把握，其實他們之所以這麼說，只不過是想從對方獲得贊同，進而確定一件事真的就如他們預料的那樣。

比如，老張剛剛苦著臉從老闆的辦公室出來，同事雲娟就湊到了小林耳邊說：「看老張這樣子，一定沒有好事，看樣子上次的事故真得老張負責任了，哎，沒有後臺就是不行啊，不信咱打賭！」

雲娟之所以這麼肯定地跟小林打賭，事實上，她更想知道老闆會不會懲罰老張。如果老闆真的懲罰老張了，那麼她就贏了，不過這種贏會讓她有點憤憤然，因為她好打抱不平，任何不公平的事都會讓她不痛快。

這種類型的人自信，但常常盲目樂觀，他們常常會為不平的事憤憤然，是個十足的憤青。有時他們更相信自己推斷出來的真理。

善於用幽默化解僵局的人，心胸寬廣

二戰期間，艾森豪前去視察一支陷入困境的部隊。當時，他還是歐洲戰場的盟軍總司令。對於他的到來，美國士兵以熱烈掌聲表示了歡迎。他講完話走下臺時，一不小心摔倒在稀泥裡，滾了滿身的泥巴，士兵們見狀，你看看我，我看看你，一言未發，這時，艾森豪站起身後竟幽默地說：「泥漿告訴我，我對你們的巡視是成功的！」士兵們哄然大笑。

從例子可以看出，掉進稀泥堆裡的僵局是無法預料的，但艾森豪卻用幽默瞬間打破了僵局，緩解了尷尬。透過他的幽默語言，我們可以看到了他的聰明機智，以及處變不驚的大將風範、寬廣的心胸。他們隨機應變能力強、反應快。因自己出色的表現，很可能會成為受人關注的對象，這正好迎合了他們的心理，他們希望得到他人的注意與認可。

豁達是這類人蘊涵的另一種重要品質。這類人凡事樂觀，即使身陷絕境也會看到希望，而不是整天悲悲戚戚、愁眉苦臉。他們的寶貴經驗是「天塌下來有個子高的人頂著，大不了就怎樣怎樣……」，而不是自怨自艾、斤斤計較。平日裡他們喜歡多想想自己的缺點和無能，經常自我嘲笑，而不是「老子是最棒的，想怎麼樣就怎麼樣」，盲目逞能好勝。

幽默是一種機智的表現，它不僅需要豐富的知識，還要擁有寬廣的心胸，善於體諒他人。要知道，尷尬和僵局在我們的工作和生活中是無處不在的，如情侶約會的時候、應聘面試的時候、主持會議的時候、和陌生人同搭電梯的時候……許多意想不到的事件，人們常常會陷入尷尬和僵局。這種個時候，有些人會表示得十分失態，尷尬萬分；有些人卻能輕鬆化解、幽默面對，用機智來打破僵局，讓人大鬆一口氣。

這些善用幽默打破僵局的人，大多數反應能力都比較強，如果感覺到某種不和諧的氣氛，他們往往會選擇用合適的話語來打破僵局。這不僅能使當時的氣氛得到緩和，一般還會使尷尬或氣惱的雙方都有臺階可下。一般來說，他們觀察事物的能力強，心胸開闊，不拘泥於小節，而且具備機智、敏捷的判斷力。因此，幽默一直被人們奉為只有聰明人才能駕馭的語言藝術，而幽默的最高境界又被稱為「自嘲」。能自嘲的人才是智者中的智者、高手中的高手。自嘲是缺乏自信者、心胸狹隘的人不敢使用的技術。因為它是要自己嘲笑自己，要拿自身的失誤、不足、生理缺陷來「尋開心」，往往不能迴避自己不美好的地方，相反還要對它進行誇大，讓更多人來觀看和瞭解。因此可以說，善於自嘲式幽默的人，首先應具有一定的勇氣，敢於進行自我嘲諷。這不是所有人都能做到的。他們要心胸寬闊，能聽進他人的意見和建議，並且能夠經常自省，喜歡做自我批評，尋找自身的錯誤，並加以改正。

總而言之，一個人沒有豁達、樂觀、積極的心態和胸懷，是無法用幽默化解僵局，更無法透過自嘲的方式來達到自圓其說，博眾一笑的效果的。

五種說話習慣的人，防不勝防

「一樣米，養百樣人」，每個人的說話方式都不同，不同的說話方式體現了不同人的個性特點，本文將此總結一下。如果你的身邊有以下幾種類型的人，你就要小心提防了：

1、吹噓有靠山的人

本書前文也提到過這樣的人，正是因為重要，總結時不得不重申。一些到處吹噓、宣揚自己有靠山的人總是在別人不問及這種事時，自動把這個「祕密」得意揚揚地說出來。

他們吹噓的內容，大致如下：

「我在某部門可說是暢行無阻。因為，在某部門很罩得住的一位有力人士，是我的近親。所以，要打通關節，簡直易如反掌。」

「在某醫科大學，我有交情匪淺的幾位大教授，如果你的孩子想進那所大學，我可以替你牽線……」

對這種人，你絕對要小心。因為，當你真的想透過他與有力人士搭上線，請他促成某一件事時，他一定開口說下面的話：

「介紹某某跟你認識，當然可以，但你打算出多少錢作見面禮？」

「進醫科大學，可得花一大筆錢。」

如果你詳加調查，就會發現如下的事實：他說的交情匪淺的前輩，根本就不屑與他為伍；他說的有力人士，原來是虛構的人物；他說的大教授，人家根本就不認識他。

2、輕易許諾的人

這種類型的人，別人越向他請求什麼，或是託他辦什麼事，他就越振作。他們答應別人的要求時，總是毫不猶豫，輕鬆愉快，但事後卻幾乎都是食言而不了了之。如果輕信他們，你就極有可能掉入陷阱。

對那些一開始就沒有替人辦事的真心，卻事無巨細一律輕諾的人，應列入危險人物之列。對這種人千萬不能輕信，否則，你將遭到意想不到的損失。

3、因人而變的人

為了與客戶應酬，花公司的交際費時，如上司不在場，總是把最貴的威士卡當茶猛喝；如上司在場，就故裝客氣地說：「我喝啤酒就好了。」

在部屬面前，總是擺出科長的臭架子，一副唯我獨尊的樣子；可是，在上司面前就搖身一變，像伺候國王那樣，畢恭畢敬。

這類因對象的不同而改變態度、主張的「善變型」人物，也該列為不值得信賴的危險人物。當他對你誠懇地說：「這件事情的真相，其實是這樣的……」或是說：「這個祕密我只能對你說……」你也千萬不要因他誠懇的口氣而輕信。因為他在別人面前，八成也會說這種話。換句話說，他是個「一口兩舌」的撒謊者。如此判定，你才不至於吃大虧。

這一類型的人，具備「善變」的本領，而且天天琢磨此技，其編造口實、假裝正經的技巧，越來越高明。雖然在目前，好像不會讓你受害，但你若太大意，有朝一日一定會掉進他的巧妙圈套或陷阱裡，使你元氣大傷。

4、搬弄是非的人

不要以為把是非告訴你的人便是你的朋友，他們很可能是希望從中得到更多的談話資料，從你的反應中再編造故事，所以，聰明的人不會與這種人推心置腹。

而令他遠離你的辦法，是對任何有關你的傳聞反應冷淡，無須回答。如對方總是不厭其煩地把不利於你的是非輾轉相告，以至於對你的情緒造成很大的負面影響，你應拒絕和他見面或不接他的電話，此類人不宜過多交往。

5、嘴巴甜的人

這種人開口便是大哥大姐，叫得又自然又親熱，也不管他和你認識多久；除此之外，還善於恭維你，拍你馬屁，把你「哄」得麻酥酥的。這種人因為嘴巴伶俐，容易使人毫不設防，如果他對你有不軌之圖，你的陶醉不就上了他的當？而且，你會因為他的奉承而不去注意他品行上的其他缺點，容易把小人當君子，把壞人當好人！

此外，這種人可以輕易對你如此，對別人當然也可如此。所以，碰到嘴巴甜會奉承的人，你必須升起你的警戒網，和他保持距離，以便好好觀察。如果你冷靜地不予熱烈回應，若對方有不軌之圖，便會自討沒趣，露出原形。不過，為了避免「以言廢人」，你不必先入為主地拒他於千里之外，但是須隨時警醒：古時很多朝代，就是被這種嘴巴甜的佞臣弄垮的。

6、隱忌掩飾的人

這種人好像沒有脾氣，你罵他、打他、羞辱他，他都笑眯眯的，有再大的不高興，也藏在心裡，讓你看不出來。這種人把自己隱藏起來，不讓你知道他的過去、家庭、同學，也不讓你知道他對某些事情的看法，換句話說，是個深沉、莫測的人。

你搞不清楚這種人心裡在想些什麼，也搞不清楚他的好惡及情緒波動，碰到這種人，真的讓人無從應對，也因此，如果他對你有不軌之圖，你是無從防備的。因此對這種人，你要避免流露出內心的祕密，更不可和他談論私人的事情。與這種人保持禮貌性的交往，他打哈哈，你也打哈哈，同時，也要避免做出得罪他的事。

評價事物「一會這樣、一會那樣」的人不可信賴

生活中，我們常常可以遇到這樣的人，他們對於人或者事物的評價，經常變換，「一會這樣、一會那樣」不可以信賴。

「我告訴妳，王小姐人真得很不錯啊，雖然和她只是見幾次面，但覺得很有話題呢。她真是個很好的人。我想追求她，中午吃飯的時候我和她坐在一起，到時候妳來找我就看到了。」聽同事張松明這麼強力推薦，曉梅中午特意到食堂找到了張松明，並見到了他口中的大好人王小姐。

曉梅當時的印象並不覺得王小姐有什麼特別，她看起來只不過是十分靦腆的人，並不十分愛說話。

過了幾個月，曉梅問張松明：「你和王小姐還經常聯繫嗎？最近和她的

關係有進展沒？」得到的回答卻是：「別提了，那個王小姐啊，只是表面文文靜靜的。其實那個人，我是沒辦法和她交朋友的，她的個性十分古怪，做工作偷奸耍滑，現在已經很久沒有和她碰面了。」

從例子中可以看出，張松明的態度有了一百八十度的大轉彎。他的眼中之前那個大好人王小姐現在居然變得如此不堪了，心中已經沒有王小姐這個人了，真令人驚訝。

像張松明這類型的人，對於僅見過幾次面、閒聊過幾句的人，便會很輕易地作出評價，給人很好的評價。也就是說，他習慣只作表面的判斷，對於其他人的評價也會照單全收而不去做理性的分析，並且還喜歡輕易地將這樣的結論傳達給別人。

這類型的人在生活中其實還相當多，如你的同事每天都在和你抱怨工作有多麼乏味，多麼累心，還不如早日辭職的好。當你辭了職真的不幹了之後，下次見面他卻說：「你為什麼不幹了啊？公司待遇也不錯啊，什麼節假日都照休，年節還有獎金。」這時，你的臉上不出現三條線才怪呢。所以說，那些一會說不幹了，要辭職，一會又說辭職了也找不到好工作的人，最好離他們遠點，這樣的人最不可信。

生活中，還有一些道德品質不高的推銷員也慣用這樣的手段，「上次我推薦的那個東西，你買了呢？那天有那麼多人我不好意思說，那款排油煙機效果並不好啊！」

「你是我的老客戶，咱們這麼熟了，我告訴你一個比那個更好用的排油煙機好了。」他在騙了你一次之後，又開始厚著臉皮，推薦另一款了，對於自己推薦了不好的東西給別人，竟然沒有絲毫的愧疚感。

像這樣對於人、事、物的評價一天變化好幾次的人，通常最不值得信賴。這樣的人一般有兩種類型：一種是單純的老好人，很容易相信自己的第一直接，也容易相信第三者對於人、事、物的評價。

另一種人是有所企圖或懷抱著複雜的想法，往往誇大其辭地說「他這個人不錯」、「這個東西真的很好用哦」的類型。

不論是哪一種類型，如果你的身邊就有這樣的人，當他向你推薦什麼人、事、物時，不要一下子就全部接受，而是要多花一些時間進行觀察、分析後再做判斷，這樣比較保險，也可免去日後的麻煩。

我知道你在想什麼：

超強揭祕讀心術

CHAPTER 4

談話時的模樣不容忽視

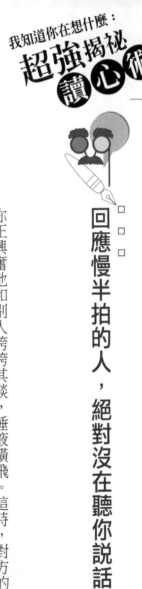

回應慢半拍的人，絕對沒在聽你說話

你正興奮地和別人誇誇其談，唾液橫飛。這時，對方的回應卻是「蛤？你說什麼」、「什麼？我剛剛沒聽清楚，你再說一遍」……你是不是感覺自己像個小丑，在唱著寂寞的獨角戲？遇到這樣回應慢半拍的聽眾，相信不管你的談性有多高，你都沒有興致孤單地抱著劇本繼續唱下去了。因為你心裡十分清楚，他剛才絕對沒有聽你說話。

「啥？哦，那個啊……」這類句子都屬於社交上的「自動防衛句型」，當對方說出這樣反應慢半拍的話時，為了禮貌不使你感覺尷尬，他便使用這些句型來補救沒有反應過來的停頓時間。雖然他本身並沒有在聽你說話，但對你他還是抱著尊重的態度的。無論他是想消磨你的時間還是為了給你留點面子，對著「一塊走神的木頭」嘮叨，還是有些浪費感情和寶貴時間。

現在，就讓我們一起來看看其他的幾種「沒在聽你說話」的表現吧！

1、打岔後東拉西扯

你的交談對象絕對不是木頭，他會頻繁地和你互動。只是很奇怪，每次他打斷你之後，都會和你東拉西扯，但是丟給你的話題和正事毫不相關。你簡直難以應付。

例如：你正和他討論最近培訓的一些問題，可是他卻打斷你並且興沖沖地說：「昨天我買了一個翡翠鐲子，水頭、顏色都很棒……」「昨天我去游泳了，現在渾身痠痛啊！」這種人擁有跳躍性的思維，他常常把人帶離主題，為人比較自私，只談自己想談的話題。如果想讓他認真聆聽你的話，還是下輩子吧！

2、邊看文件邊聽你說話

你的交談對象很忙，他一邊在看一份文件，一邊好像在聽你說話。時不時還「嗯、啊、哦……」幾聲，其實，他多半沒有聽你說話。如果此時你有求於他，他也「嗯、啊」地答應了。事後你問起，他會十分肯定地說：「我沒說過啊。」別以為他是在狡辯，其實他根本沒有聽到你在說些什麼。這是因為人類在訊息處理方面大多依賴視覺，因此，在他認真地看一份檔案的時候，基本上當你是空氣了。所以學著聰明點，給他留點空間吧！

3、不停地深呼吸和唉聲歎氣

他的心裡對話是這樣的：「呼，吸，呼，吸……我都快睡著了，他還在嘮叨些什麼呢？我一句也聽不進去啊！」「唉，簡直是折磨，他還要嘮叨多久呢？唉！他在說什麼？」

4、有點動靜就東張西望

一根針掉地上了、有隻蚊子飛過、短裙美女飄過、窗外的汽車聲……這些通通逃不過他的法眼，只要有一點風吹草動他的視線馬上跟隨著去了。看到這，你還要繼續說下去嗎？他的這樣的狀態表明隨便什麼事都比你說的話有趣。實際上，他真的很難專注聽你說完，你是該把話筒轉交給他了。

5、眼神渙散

如果你的交談對象開始出現目光無神、眼神渙散的狀態，說明他已經筋疲力盡了，他甚至連假裝聽你說話的力氣都沒有了。他即使抬眼盯著你，也是直勾勾的，像是看靜物而不是你。他覺得累了、無聊了，只想和你說再見。

五種小動作代表他想儘快結束談話

假如你是小學老師一定深有體會，在快下課的時候，班上的那些「小麻雀」早就沒了耐心，他們往往一邊聽著你喊著：「不許做小動作，好好聽講！」，一邊自顧自地把玩橡皮、摸摸鉛筆。他們在心裡默念著倒計時，翹首期盼下課鈴聲響起……做這些小動作，他們只是想儘快結束一堂課，不再聽你的長篇大論。生活中也是如此。有時候對方明明覺得你的談話毫無趣味，太囉唆，和你談話不會有任何結果，但是出於禮貌，他們一般不會指著你的鼻子叫你閉嘴，他們會用一些明顯的暗示性的動作來提醒你：儘快結束談話，趕快拿包走人吧。

小動作之一：單手撐住整個側臉

你的長篇大論使他睡意來襲，他為了避免被你識破只好用單手撐住側臉，告訴自己：「不要睡，不要睡，再堅持一會兒，快結束了。」有時候他甚至想用手指撐開眼皮，他這是在明示「我都聽睏了，我真想結束這場談話啊！」如果這個時候，你還不管不顧，相信他一定在心裡罵你。

小動作之二：眼睛不時向門口張望

一個人的視線總是會追隨著自己感興趣的東西。如果你沒站在門口和他交談，門口也沒有人在進出，而他卻總是不停地向門口張望，這表明你已經把他逼到想奪門而逃地地步了，他們想儘快介紹談話，遠離你的噪音污染。

小動作之三：用手抓耳朵、撥拉耳朵

俗話說「非禮勿聽」，就是想防止不好的事情被傳進耳朵的意思。小孩子不想聽父母嘮叨的時候，也會用手撥拉耳朵、抓耳朵或者乾脆用手掩住耳朵。和用手抓耳朵用意類似的動作還有摩擦耳背、掏耳朵等等。在這裡，如果談話對象對你做出了這樣的動作，表示他已經聽夠了、不想再聽，他想儘

快結束談話。

小動作之四：喝水、吃東西

他們會透過喝水、吃東西等動作來干擾你講話，他們會把東西咬得嘎嘎響，喝水也會喝得呼嚕呼嚕的。這樣做表明他們已經對你的長篇大論忍無可忍了，你再不結束話題，他們都快有朝你丟杯子的衝動了

小動作之五：晃動雙腳，雙手往後撐

如果他晃動雙腳或是輕輕敲打雙腳，這表明他已經不耐煩了或厭倦了。晃動雙腳，雙手往後撐是他已經感到累了的象徵，他這是在做逃跑的動作，這個姿態的意思是：「你說得不累嗎？我聽得都快累死了。趕快結束你的廢話吧！我不想和你待在這兒了。」

在你瞭解了這些小動作所暗示的資訊後，當你面對某人，無論你的談話欲望有多強烈，如果你看到他一面在聽你說話，一面做著這些小動作，你就可以判定他還有其他事，心已不在你這裡，快把他放走吧！

擺出與眾不同姿勢的人，想要發表自己的意見

人的姿勢一般分為坐姿、站姿、走姿、睡姿，等等，一個人的姿勢往往會體現出心靈的暗示。與人交談中，我們可以從他坐的方式、坐的姿態、坐的距離或者站的角度、站的方向等不同的身體語言，來窺探出一個人的真實意思，瞭解一個人心理的動向。

倘若在交流的過程中，談話對象擺出了與眾不同的姿勢，那就表明他想告訴你：「我有話說，我想談一下自己的想法！」

1、自信思遷型的坐姿

如果談話對象對你擺出這種與眾不同的姿勢，代表他們想發表自己的意見了。他們通常會將左腿交疊在右腿上，雙手交叉放在腿內側。他們具有較強的自信心，特別堅信自己對某件事情的看法。如果他們與你發生爭論，可能他們並沒有在意與你爭論的觀點的內容。他們只想表達自己的想法，對你的話完全沒有在意。

他們的天資聰明，總是能想盡一切辦法並盡自己的最大努力去實現自己的夢想。雖然也有「勝不驕，敗不餒」的品性，但當他們完全沉浸在幸福之中時，也會有些得意忘形。這種人很有才氣，而且協調能力很強。在他們的生活圈子裡，他們總是充當著領導人的角色，而他們周圍的人對此也都心甘情願。不過這種人有一個不好的習性，喜歡見異思遷，常常是「這山看著那山高」。

2、投機冷漠型的坐姿

這種人通常將右腿交疊在左腿上，兩小腿靠攏，雙手交叉放在腿上。他們通常看起來覺得非常溫和可親，狀如菩薩，很容易讓人親近，但事實卻恰恰相反，你找他談話或辦事，一副愛搭不理的舉動讓你不由得不反思：「我是否眼花了？」

你沒有眼花，你的感覺很正確，他們不僅個性冷漠，而且性格中還有一種「狐狸作風」，對親人、對朋友，他們總要向人炫耀他那自以為是的各種心計，以致周圍的人不得不把他們打入心理不健全的類型。他不會聽進去你說的隻言片語，他只想發表自己的想法。他做起事來總是三心二意，並且還經常向人宣傳他們的「一心二用」理論。

3、放蕩不羈的坐姿

放蕩型的人坐著時常常將兩腿分開距離較寬，兩手沒有固定的放處，這是一種開放的姿勢。他們喜歡追求新意，偶爾成為引導都市消費潮流的「先驅」，他們對於普通人做的事不會滿足，總是想做一些別人不能做的事，或者不如說他們喜歡標新立異更為確切。如果你和他們交談，他們表面會是一副認真聆聽的樣子，但是思維早已不知遊走到什麼地方了，他們最喜歡你靜下心來聽他們侃侃而談。

這種人平常總是笑容可掬，最喜歡和他人接觸，而他們的人緣也確實頗佳，因為他們不在乎他人對他們的批評，這是別人很難做到的。從這方面來說，他們很適合做一個社會活動家或類似的職業。

4、古怪型的站姿

古怪型的人常常將雙腳自然站立，偶爾抖動一下雙腿，雙手十指相扣在胸前，大拇指相互來回搓動。這種人的表現欲望十分強烈，喜歡在公共場合大出風頭。倘若你和他們交談，給他們耳朵認真聽就行了，他們不會給你機會插嘴，只想發表自己的意見。

他們喜歡爭強好勝，容不下別人。如果大家都說太陽是圓的，他們一定會說是方的；若大家都說是方的，這種人肯定會問大家：「太陽怎會是方的呢？」他們不是愚蠢，他們十分聰明，大家都不能把井裡的月亮撈出來，他們就行，不信？他們用一個洗臉盆就辦到了。

5、抑鬱型的站姿

抑鬱型的人通常是兩腳交叉併攏，一手托著下巴，另一隻手托著這隻手臂的肘關節；這種人多數為工作狂，他們對自己的事業很有自信，工作起來十分投入。廢寢忘食的行為對他們來說是家常便飯，自己的另一半更是經常被冷落在家，幸虧他們的伴侶多是理解型的。

這種人更為引人注目的是他們的多愁善感，從他們豐富的臉部表情就可以顯示，他們是那麼容易喜怒無常，甚至在他們的言行中也表露無遺。剛才還在與你喜笑顏開，誇誇其談，突然臉色沉了下來，一句話也不說，頂多偶爾參與你們的談話中苦笑一下，顯得很深沉的樣子。他們有很強的表達欲，只是有時候忽然不知道從哪開口說起，其實他們很想表達自己的想法。他們對這個世界倒是很具有愛心，可以經常看到他們的奉獻精神。他們也很堅強，一般不會向人屈服，也不會因為重重摔了一跤，就不再繼續在充滿泥濘和荊棘的道路上前行。

說話間隔時間長的人，喜歡作邏輯分析

某公司下午緊急召開會議，公司負責人中午卻喝多了，他搖搖晃晃地掏出祕書午飯期間趕出的發言稿，大聲地朗讀起來。讀到一段話的末尾，負責人字正腔圓地說：「括弧，此處有停頓，鼓掌……」大家在愣了片刻之後，哄堂大笑。

當然，這僅僅是一則笑話，但是這也反映出說話語句間隔和緩急變化的重要性。平均來看，人類一分鐘可以說一百五十個字到兩百個字，每句話之間的間隔時間大概在一秒到兩秒。

每個人的說話習慣不同，有的人說話簡直像連珠炮，讓你聽了都感覺累。而有的人說話速度正常，但句與句之間間隔時間特別長，有時聽得你都快睡著了。別以為他是慢性子，有這樣的表現恰恰表明你的談話對象是個喜歡深思熟慮的人，他所說的每一句往往都經過反覆思考的。

他平時給人的印象是冷靜、有條理、做事理智。當然，他也會習慣性的懷疑別人。如果你和他交談，輔以書面資料或研究資料比你誇誇其談要有效得多，別以為你們交情很深，他就會感情用事。其實，他這人最重事實，喜歡做邏輯分析。

可見，從一個人說話間隔的時間和說話速度，可以分析出他的個性和心理。現在，就讓我們一起來看看其他的語言習慣吧！

1、說話沒有停頓點的人，喜歡吸引你的注意

他有時自信，有時自大。他主觀意識很強，說起來話總是滔滔不絕，幾乎沒有停頓點。想讓他聽進去你說的話，還真不是件容易的事，他更喜歡你能專注於他的談話。如果你試圖打斷他，他會明顯不高興。

他喜歡吸引你的注意，如果你對他的談話表現出濃厚的興趣，他會變得

很友好。

2、說話緩慢平穩的人，喜歡和你分享生活經驗

聽他說話，你會感歎：「他說話簡直就像電視節目的旁白啊！」是的，這就是他說話的頻率特點。他表現得很成熟、理性、隨和。他總喜歡和你分享一些生活的經驗。你和他溝通不會有壓力感，他總是從客觀的角度看待事物，並且對你表現得十分友好。

3、說話速度由慢轉快的人，是為了掩飾內心

如果你的談話對象說話速度忽然由慢轉快了，這表明他非常緊張或著急。他想掩飾住自己內心的真正想法，想以較快的語言速度來干擾你的判斷。當然，如果他談到的話題正好是他比較感興趣的，一般也會出現語速忽然間加快的現象，這就需要依具體的語境來判斷了。

4、說話速度由快轉慢的人，對你有所懷疑

如果你的談話對象說話速度忽然由快轉慢了，你要好好考慮你的談話重

點了。一般他們出現這樣的反應表明他已經開始對你有所懷疑了，甚至對你有隱隱的敵意。透過放慢語速，他是想強調自己內心的想法和觀點，也想告訴你他有不同的意見。如果此時你不能掌握他釋放給你的訊息，他的敵對心態和懷疑將會進一步加深。

從坐椅子的方式，看對方是否用心聽你説話

小汪和小李是下任總經理的候選人，兩人要合作完成一項公司專案。他們在辦公室裡商量。小王把椅背朝前，騎跨在椅子上，雙手交疊俯在椅背上。小李坐在一旁的凳子上，一會兒後他站起來，用一種俯視的視角望著小王。兩人都無法定下心來聽對方說話，最後談話不歡而散。

從這個例子可以看到，小汪和小李既是合作者，又是競爭者。這樣的微妙關係也體現在了兩人坐椅子的方式上。小汪擺出了一個騎跨椅子的造型，這個姿勢顯然讓小李感到了無形的壓力，於是他選擇從椅子上站起來。透過這些細節我們可以看出，兩個人一心想在氣勢上壓倒對方，根本無心聽對方具體在說些什麼。

坐椅子的方式分為淺坐椅子前沿、深深地坐在椅子裡，等等。我們可以透過觀察談話對象坐椅子的不同方式，來判斷他是否在用心聽你說話。

1、騎跨椅子

「騎跨」是比較另類的坐椅子方式，生活中，這樣的姿勢不是很常見。如果你的談話對象在聽你說話時採取了這樣極端的姿勢，這表明他對你有很深的抵觸情緒，甚至帶著進攻的意味。

一般這樣的姿勢在男性中比較常見，這是因為騎跨在椅子上時，兩腿能夠大角度地分開，可以非常徹底的展示胯部，顯現出動作者的雄性特徵。這樣的人通常都屬於支配欲望很強的人，他傾向於控制談話，並習慣以自己的觀點影響他人。所以，當發現你的談話沒有按照他的預想進行時，他就對此次談話產生了厭煩的情緒。這個時候他意識中的控制欲望就會支配著他使用一些身體語言來傳達影響力，他可以很自然地從正常坐姿轉換到騎跨椅子的坐姿，如果此時你十分專注於自己的「演說」，你甚至都發現不了這一點。

其實，他早就無法用心聽你談話了。

2、淺坐椅子前沿

你的談話對象只坐在了椅子的前沿，其實這表明他心裡缺乏安定感。他心裡的想法是「趕快把話說完吧，我真想馬上離開這裡」。表面上他好像在認真地聽你說話，但是否真的聽進去卻值得懷疑。由於他坐得淺，上半身是探向你那裡的，這表示他想以自己的想法來說服你，他還真沒有辦法使自己安下心來好好聽你講話！

3、深坐椅子上

深深地舒服地坐滿整個椅子面的人，心中的想法是「多花點時間慢慢得和你聊一聊」，他是個信心十足、堅毅果斷的人，他認為比起說服你，和你深入的溝通更重要。但是你和他交流之後發現，他的獨佔欲很強，有時候不由自主地就想干涉你。大部分時候，他能用心聽你說話，但是你要給他足夠的時間談自己的想法，他喜歡按照自己喜歡的步調生活。

交談時不斷摸頭髮的人，喜歡說「問心無愧」

如果交談的人在與你面對面坐著或站著時，他總喜歡不時地摸一摸頭髮，你是不是覺得他可能做了新髮型，在吸引你的注意力？其實不然，這種人就算是一個人獨自在家看電視，也會每隔三五分鐘「檢查」一下頭髮上是否沾上了什麼東西。他就是享受這種「過程」，對事情的結果倒是毫不在乎，因此如果他為之努力和奮鬥了許久的事情失敗後，你別想從他的臉上找到一絲絲的懊惱，他通常會說：「我問心無愧，因為我已經努力去做了！」

生活中這類人不在少數，他們大都性格鮮明，個性突出，愛恨分明，尤其疾惡如仇。假如公車上有小偷，而乘客恰好都是這類人，那麼這個小偷就悲慘了，他一定會被當場打個半死。這類人一般很善於思考，做事細緻，但大多缺乏一種對家庭的責任感，他們對生活的喜悅來源於追求事業的過程，這句話聽起來有點玄乎，不過仔細想來你就會明白，喜歡努力和奮鬥的人，他們是不在乎事情的結局的。

許多人在說話時，往往會伴隨著一些動作，這些動作，有的是習慣形成的，有的則代表一些心理暗示。像交談時摸頭髮、抖腿或打手勢等這些身體語言動作，往往透露著說話者的某些強調或附加的含義，還反映著不同人的心理及性格特徵。現在，就讓我們一起來看看這些不容忽視的動作都分屬於什麼人吧！

1、交談時不斷抖腳的人，愛製造「醋海風波」

無論是開會也好，與別人交談也好，獨自坐在那兒工作，或是看電影，有些人總喜歡抖腳或者腳尖點地帶動整個腿部顫動，有時候還用腳尖磕打腳尖或者以腳掌拍打地面。當然，這種行為舉止難登大雅之堂，但習慣者卻總是習以為常。

設想一下，倘若你的談話對象完全不顧忌你的感受，也不認真地傾聽你到底說了些什麼，他只是自顧自地抖起了腳，好像爽得一塌糊塗。我想，你肯定有一種把水潑到他臉上的衝動。

是的，這種人最明顯的表現是自私，很少考慮別人的心情，凡事從利己的角度出發。如果是男性，他和妻子的關係也好不到哪去，因為這種人對妻子的佔有欲望也特別強，經常會無緣無故地製造一些「醋海風波」，在這個問題上說他具有「神經質」一點也不過分。他對別人很吝嗇，對自己卻很知足，據說「守財奴」——葛朗台就有這個「良好」的習慣。

不過這類人也不是毫無優點，他們通常很善於思考問題，會給周圍的朋友出一些意想不到的主意。

2、邊說話邊打手勢的人，愛扮演「護花使者」

你的談話對象喜歡邊說話邊打手勢，只要他們的嘴一動，就一定會伴隨一個手部動作，攤雙手、擺動手、相互拍打掌心，等等，好像總是在對自己說話內容進行特別強調。事實上，他們也相當自信。他們通常做事果斷，性格外向奔放而又踏實肯幹。這樣的性格使他們的事業大都小有成就。無論在任何場合，他們都習慣把自己塑造成一個領導型人物，很有一種男子漢的氣派。這類人去演講一定會極盡煽動人心之能事，他們是氣氛的活躍劑，良好的口才時常讓你不信也得信。

他們與異性在一起時表現尤其興奮，總是急於向人展示出他的「護花使者」身分。當然，他們對朋友相當真誠，但通常不輕易把別人當成自己的知己。

3、說話時緊盯你的人，看起來像「花花公子」

有些人在和你談話時會目不轉睛地看著你，他們的目光冷冷的，好似透視光，讓你總有一種想逃的感覺，根本無暇顧及他們說了些什麼。

在生活上，這種人也常常盯住一個人不放，當然，並不是說他看上了這個人。他們的支配欲望往往很強，而大多數的時候他們確實又都有某種優勢，他們彷彿也特別幸運，占不到天時、地利就一定能占到「人和」。因此只要有機會，他們就會向別人表現自己，這使他們的行為時常看起來像花花公子。

但有一點值得大家肯定，他們在大是大非面前很懂得把握自己，如果選定了人生的目標就一定會去努力實現。但他們又不喜歡受束縛，經常我行我素。另一方面，他們比較慷慨，因此他們周圍總是圍繞著一些相干和不相干的人。自然，有真心的，也有看中「酒肉」的。

總之，只要我們留意和細心觀察，便可以從說話人的動作中窺探到他們的內心世界，進而瞭解這些人的性格特徵。

說話時常清嗓子的人，可能在掩飾不安

曾國藩認為，每個人的聲音，跟天地之間的陰陽五行之氣一樣，也有清濁之分，清者輕而上揚，濁者重而下墜。聲音始於丹田，在喉嚨發出聲響，至舌頭那裡發生轉化，在牙齒那裡產生清濁之變，最後經由唇部發出去，這一切都與宮、商、角、徵、羽五音密切配合。所以我們在識人時，可以聽他的聲音，要去辨識他獨具一格的地方，不一定非要與五音相符，通常我們只要聽到聲音就會想到這個人，於是就有「聞其聲而知其人」的說法。說話的聲音和習慣可以反應說話人的心理，要判斷一個人究竟是個英才還是庸才，不一定非要見到他的廬山真面目，有時候聽聽他的聲音就可以。

在比較正式的場合，如果遇到一個還沒開始說話就清嗓子的人，你基

本可以斷定他是由於緊張和不安所致。在說話的過程中不斷清嗓子的人，可能是為了變換說話的語氣和腔調，還有的則是為了掩飾自己心中的不安和焦慮。如果有人在說話過程中並不是不間斷地清嗓子，而只是偶爾一、兩次，這多半是表明他對你說的問題並不是十分認同，還需要仔細地考慮，認真地商定一下。有時候，陌生人之間故意清嗓子還是表示一種警告，往往是為了表達自己的不滿情緒，同時也包含著向對方示威、挑戰的意思，告訴對方自己可能會不客氣：「你儘管放馬過來吧！」

可見，如果一個人說話的時候，不斷地清嗓子，那說明此人對自己的話根本就沒有信心，他只是為了掩飾自己的不安，而且這種人具有杞人憂天的傾向。再則，如果男性出現叼咬菸頭、用唾液潤濕的動作，多半表明他的心理不成熟，也沒有主見。反之，如果說話慢條斯理的人，通常都是心中多有主見的人。

單位的領導者或一個團隊的主管，講話的時候總是邏輯嚴密、慢條斯理，這不光可以體現他們卓越的管理能力，更主要的是因為這些人說話的時候有自己的主見。如果隨便在員工裡拉上一個人去講話，即使準備充分，他們也多半會吞吞吐吐，不斷清嗓子，表現得異常緊張。

相反來說，講話慢條斯理的人，在講話之前會充分考慮好自己的言語或表達方式而後再說出來，所以他們往往表現得胸有成竹。而且這樣做更容易表述自己的意思，可以提高溝通的效率。通常，他們的心裡很成熟，面對問題的時候不會魯莽和急躁，有自己的主張和見解，不會事事都詢問他人。當然，也絕不是從不聽取別人的建議。這是因為這種人通常頭腦極為冷靜，能看清事態的發展和變化，關鍵的時候能拿主意，但絕不是逞能。如果遇到困難，即使內心不安，也不會表現在臉上。他們在生活中也比較沉穩，做事有計劃、有條理，不至於活在忙碌和煩躁當中。

所以，如果一個人在說話的時候不斷地清嗓子，往往是信心不足，內心不安的表現。

打開話匣子就收不住的人，一觸即發

生活中，停不下話匣子住的人很多，他們一張嘴就收不住，唾液橫飛。這類人非常不適合社交，因為他們往往不注意你是否有時間和他們說話。他們說話常是為了安慰自己或者讓自己鎮定下來，進而轉移自己對煩惱的事或者一些重大的情感問題的注意力。

這些人喜歡聽自己說話，所以他們的個性中常常有些自戀的傾向，他們不在意自己是否對別人產生影響。太過投入的他們，是感覺不到自己有多麼令人厭煩的。就算碰巧身邊沒有人，他們也不會閒下嘴來，往往會自言自語以自娛。

從心理學的角度來看，他們不停地說話，也許可能是一種自我防衛機制，以此來迴避被遺棄和孤獨的恐懼感。因為他們非常需要聽眾，所以他們要是和你待在一起，非常喜歡和你搶著說話。同時，他們又以自我為中心，是那種經不起侵犯，一觸即發的人。

他們的脾氣不好，脾氣一旦上來，壓也壓不住，就會直接爆發出來。所以，如果你有意打斷他們的話，他們會不甘示弱地扯高嗓門要跟你拼一拼。他們是一根腸子通到底的人，凡事不三思而行，很容易闖禍，也很容易掉進他人的圈套。

生活中，言談聊天是再普通不過的事，但就是這些沒有什麼正經事的閒談，能幫我們探知他人的內心世界。

1、沒有自信的人：把剩下的話吞下去

這類人是屬於對自己沒有自信的人，對自己沒有信心，對人際關係更沒有信心。對他們來講，話講到一半就被人打斷，甚至轉移話題，這是非常不尊重他們的表現。

他們覺得受這樣的污辱是很見不得人的，所以盡可能地把話吞進去，還希望大家不會注意到他們。這是一件很令他們難過的事，而他們是那種受氣也不吭聲的人。

2、盛氣凌人的人：馬上要求對方尊重他

這種人氣勢淩人，頗有領導人的架勢，在他們講話的時候，不許別人插嘴或打斷，否則他們不會坐視不管，會當面警告對方要尊重他們的發言權。他們會說：「哎呀，你到底有沒有聽我說話，等我說完你再說！」

他們的性格是很主觀的，而且以自我為中心，他們想做什麼事，就會按照自己的意思來做，不容許別人干涉，一旦有人干涉，他們會毫不客氣地提出糾正。這除了要有很大的自信外，也要有很大的勇氣和很強的實力，這種直接嚮應對方的做法，很容易引發衝突。

3、沉得住氣的人：等對方說完，再接下去講

這種人是那種話不說完心裡不舒服的人。一旦有人不尊重他們，打斷他

們的說話，而他們只好等對方講完，再接下去講。從這點可以看出，他們是很沉著穩重的人。雖然他們知道對方不尊重自己的發言權，但他們又不便當面翻臉，只好耐心地等對方講完，再很有君子風度地繼續講完。這樣，一來可以避免話沒講完的尷尬，二來可以給對方一個教訓。這種人可以說懂得很好的制敵之術。

接受表揚的態度，反映一個人的品性

有的人在受到表揚的時候面紅耳赤，顯得很靦腆。他們溫順敏感、感情脆弱，別人的批評很容易讓他們受到傷害，更經受不住意外的打擊；富有同情心，關注他人的感受，不會用言語或行動主動攻擊他人。

聽到讚揚的話，有的人會用一副非常驚喜的樣子來表達自己的喜悅。他們憨厚淳樸，不喜歡與別人產生糾紛，經常損失自己的利益來換得安寧；喜歡參加群體活動，交往過程中的大度和慷慨讓他們與別人建立起良好的人際關係，他們與他人能夠相處得非常融洽。

有的人聽到表揚，彷彿像聽到風聲一樣無動於衷。他們在工作中兢兢業業，不喜歡因為受到別人的注意而浪費時間和精力。他們對待身邊的事情保持一種順其自然的態度，不喜歡爭強好勝；奉獻是對他們的高度評價，他們寧願獨處一室進行研究和創造，也不願加入煩亂的集體生活當中。

聽到別人的表揚，有的人立刻會用相應的表揚話語回敬，讓對方有被回報的感受。他們有自己的個性，不喜歡依附他人，對自己和生活充滿了自信；在人際交往過程中，最講究平等互利，和他們交往可以毫無後顧之憂，既不必擔心吃虧，也不會產生占他們便宜的覬覦念頭。

有的人經常用詼諧的話語回敬別人的表揚，有時否定對自己的表揚。他們不喜歡集體活動，不願受到他人的干擾，將眾多的精力和時間用於維護自己的獨立空間；幽默含蓄，但又略顯放蕩不羈，其實這是他們故意封閉自己的一種手段，他們通常不會和別人建立起深厚的情誼。

有的人在接受表揚時較為公平，會在接受別人表揚的時候用適當的好話稱頌對方。他們心地單純，好助人為樂，經常設身處地為他人著想，能夠對別人的優點給予肯定，別人非常願意和他們相處；慷慨大方，能夠給予朋友及時有效的援助，和他們共渡難關。

有的人對別人的表揚一點都不關注，他們根本沒有心情為表揚浪費過多的時間，所以總是找其他的話語來改變話題。他們反應靈活、機智聰明而且才華橫溢，富有眼光，既現實又幹練。自信和狂放不羈是他們最明顯的性格特徵，他們對名利不過度追求，有成就豐功偉績的可能。

對於表揚自己的人，有的人能恰到好處地表達出由衷的感謝，給對方彬彬有禮的感覺。他們穩重踏實，注重實際，講究實效，富有進取心，善於韜光養晦，經常出其不意地給人以驚喜；有著獨立的行事原則，能夠按照預定的目標堅持不懈地努力，不受外界環境影響，更不會招搖過市、不可一世。

我知道你在想什麼：

超強揭祕讀心術

CHAPTER 5

不僅聽他說什麼，更要看他「做」什麼

點頭如搗蒜，表示他聽煩了

點頭是最常見的身體語言之一，它可以表達自己肯定的態度，進而激發對方的肯定態度，還可以增進彼此合作的情感交流。點頭能夠表達順從、同意和讚賞的含義，但並非所有類型的點頭姿勢都能準確傳達出這一含義。點頭的頻率不同，所代表的含義就有可能不同。

緩慢地點頭動作表示聆聽者對談話內容很感興趣。當你表達觀點時，你的聽眾偶爾慢慢地點兩下頭，這樣的動作表達了對談話內容的重視。同時因為每次點頭間隔時間較長，還表現出一種若有所思的情態。如果你在發言時發現你的聽眾很頻繁的快速點頭，不要得意，因為對方並非就是贊同你的觀點，他很可能是已經聽得不耐煩了，只是想為自己爭取發言權，繼而結束談話。

剛剛大學畢業的明宇去一家單位面試，負責面試的是一個年輕女孩。問了幾個常規問題後，她話鋒一轉問起明宇的興趣愛好。明宇隨便聊了幾部法國小說，張口「雨果」閉口「巴爾扎克」的和她聊了起來。年輕考官好像很感興趣，對他不停地點頭，明宇彷彿受到了鼓舞。話題輕鬆，聊的又是明宇的「強項」，他有些有恃無恐，剛進大學那陣子猛啃過一陣歐洲小說，覺得還真幫上大忙。見考官大人這麼有興致，明宇當然奉陪。

眼看臨近中午，年輕的面試官不停地點頭、不停地看錶，明宇還沒有停下來的意思，原定半小時的面試，他們談了一個多鐘頭。面試結束，考官笑笑地說：「回去等消息吧。」明宇也樂呵呵地說：「希望以後有機會再聊。」明宇回去等著，但最終也沒有等到複試的通知。

從這個例子可以看出，聽眾在你發言的時候不停地點頭，往往不是對你十分贊同，而是覺得你說話太囉唆，他只是想借助這個動作讓你不用再多說。明宇在表達的時候不顧及他人的肢體語言傳達出的感受，一相情願地侃侃而談，如此會錯意又怎麼會有好的談話效果？

經過心理學家的實驗證實，當對方做「點頭如小雞啄米」這個動作時，當他快速的點頭的時候，他其實很難聽清你在說什麼。被父母嘮叨的小孩子身上也能經常見到這樣的動作，當父母說「你不能……」的時候，孩子會頻頻點頭，嘴裡叨念著「知道了，知道了」。這樣的動作恐怕是答應得快、忘記得更快了。

如果對方是真正贊同地點頭，他會在你說完話後，緩慢地點頭一下到兩下，這樣表示他是在用心聽你說話。如果他希望你繼續提供資訊，他會在你談話停頓時，緩慢而連續地點頭，他是在鼓勵你繼續說下去。

點頭的動作具有相當的感染力，能在人的心裡形成積極的暗示。因為身體語言是人們的內在情感在無意識的情況下所做出的外在反應，所以，如果他懷有積極或者肯定的態度，那麼他說話的時候就會適度點頭。

不露齒微笑，是拒絕的前兆

笑是人類與他人交流的最古老的方式之一。而微笑作為一種受到最廣泛理解的正向性表情，在所有的文化語境裡，人們都用它來表示高興與快樂。正因為如此，心理學家把「微笑」視為人際交往中的一種「通用貨幣」，無論是何種文化背景下的人，它都可以付出，也可以接受。一項針對人類近親黑猩猩所展開的研究顯示，其實微笑的功能並不僅止於此，它還有更深層次的基本作用。我們利用微笑告訴其他人，自己不會給他們帶來任何傷害，希望他們能夠接受自己。但是，真正瞭解微笑，掌握微笑內涵的人並不多。

曉芳是一位兒童用品銷售高手，她一天中見到的第五位客戶是林女士。這位女士氣色紅潤，看起來平和溫婉。曉芳簡單說明意圖，向她闡明產品的功效，林女士並沒有打斷曉芳的滔滔不絕，她只是微笑地耐心聽完。可是，任憑曉芳怎麼說服，林女士就是不為所動，只是牽動嘴角一絲微笑。無奈，曉芳只好放棄。

古代講究女孩要笑不露齒，是出於禮貌的要求。實際上，不露齒的微笑屬於隱藏式微笑，也是一種防衛姿態。如果某人對你只是微笑，什麼都不說，這表示他不想和你分享感覺和想法，是一種內斂拒絕，一有機會，他也許就會藉口離去。這種人性格內向、保守、傳統，在為人處世時又會顯得靦腆，遇事會以禮貌的微笑婉拒。

不同的笑容代表不同的含義，這和笑容的展現方式有關。讓我們來看看各種不同笑容所代表的含義。

1、常見而普通的笑

這類笑在日常生活最為常見，通常是表示謝意、歉意或友好，如坐車時你給老人讓了座位，他會對你抱以淺淺的微笑，以示感謝；別人不小心碰撞了你，他會面帶微笑地看著你，以示自己的歉意；當朋友為你介紹某一個人時，你會面帶微笑地看著對方，以示友好，諸如此類的微笑還有很多很多。

2、冷冷的鼻笑

所謂鼻笑，即笑聲從鼻子裡發出來。多見於一些人在嚴肅、正式的場合看到了可笑的人或事，但又不能哈哈大笑出來，而只能強行忍住，透過鼻子發出來。此外，一些性格內向的人也喜歡使用此種笑的方式。他們之所以偏愛此種笑的方式，根本原因就在於他們擔心自己笑的方式如果過於誇張會引起他人的注意，這就會讓他們感到非常不舒服或不自在。

3、暗自偷笑

所謂偷笑，顧名思義，是指私底竊笑，笑聲較低也不長。多見於某人看到一件事情有趣而可笑的一面，而其他人卻渾然不覺。不過，有時候，一些人在看見別人遭到批評、失敗，或是處於某種尷尬情景之中時，他們也會發出此種笑。所以，偷笑有時又有幸災樂禍的味道。

4、輕蔑的笑

此種笑多為人們所鄙視，但在生活中卻很常見。笑時鼻子朝天，一副「自以為天下第一」的表情，並輕蔑地看著被笑的一方。那些有權有勢、高傲或自視清高的人在看見權勢低下或地位卑微的人往往會發出此種笑。此外，在某些特定的情況下，正義的一方在面對邪惡力量的威脅、恐嚇時也會露出此種笑，以示對他們的鄙視、輕蔑之意和自己勇敢、大無畏精神。

5、哈哈大笑

一種非常爽朗、豪放的笑，在生活中也十分常見。當你遇到非常高興的事，或是終於實現了自己的某個理想、願望，通常會發出此種笑聲。不過，有些時候，此種笑聲帶有一種威壓感，會震懾他人，進而使人心生戒備。

人類的笑多種多樣，笑是一道閘口，宣洩著人類幾乎所有的情感。有時，笑是一種境界、一種感悟、一種智慧。讀懂一個人的笑，你真的可以知道他在想什麼！

輕易點頭也許是想拒絕請求

連小孩都聽懂的兩句英文就是，點頭「yes」，搖頭「no」，然而在現實生活中，這點頭的含義還需要細細揣摩，在很多時候點頭並不表示同意，而輕易點頭更有可能是一種無聲的拒絕。輕易點頭所表現出來的是一種無可奈何的心態，明明心中很不耐煩，然而礙於面子或者某種特殊情況，不得已而作出點頭的動作，而實際上，它是一種拒絕的表現。

你向別人提出一個請求，他還沒聽完就頻頻點頭說自己「知道了」，千萬別急著高興，他多半並沒有真正想幫助你。這很明顯就是一種應付式的答應，其真實含義為含糊式的拒絕。

一位保險推銷員對此深有體會。他說：「我向人推銷保險時，話未說完，對方點頭說，好吧，我們考慮考慮再給你答覆。其實他對我的話並不感興趣，已經不耐煩了。這時我要做的是適時改變話題，或者另找時間。」

當一個對你的性格、目的所知不多的人，對你的請求顯示出「聞一知十」的態度，通常是不想讓你繼續說下去。

不妨試想一下，當我們要接受一個人的請求時，總是有耐心地聽他講完，然後根據問題的難易程度來決定該怎樣做。所以出現這種情況的解釋就是要麼他不願意幫助或接受，而是出於禮貌而不採取直接拒絕你的辦法；要麼就是他沒有耐心去瞭解你的意思，他只能用點都的方式來表示聽懂了。

晶晶和小凱的婚姻經受了七年之癢，小凱出軌了。每次晶晶一哭二鬧三上吊的時候，小凱都會不住地點頭說：「好啦，好啦，我不再和她來往了。」不過答應歸答應，小凱和第三者的聯繫從未斷過。晶晶每次都和閨蜜哭訴：「他明明答應了，明明答應了的……」

從這個例子可以看出，當你看到對方輕易點頭，並表示答應時，不要被表像迷惑，其實有時候這只是一種敷衍。通常情況下，你的話還未說完，對方卻連續地點頭說「好的，好的……」，或者心不在焉地說「行，就這樣吧」，你的頭腦中會產生不祥的預感，感覺心裡沒底。非常不相信對方做出的承諾的真實性，總感覺對方根本就沒有聽明白其中的意思或者深思其中的含義，而且所表現出來的更多的是無奈和敷衍。其實，這時候你要知道，你的目的沒有達到，應該多尋找更多有效的方式或者解決的辦法了。

一條眉毛上揚，表示對方在懷疑

眉毛的主要功用是防止汗水和雨水滴進眼睛裡，除此之外，眉毛的一舉一動也代表著一定的含義。可以說，人的喜怒哀樂、七情六欲都可從眉毛上表現出來。

畢業論文答辯會上，小吳發現自己在陳述時，一名評分教授一條眉毛一直上揚。這一動作讓小吳分外緊張，他開始強烈地懷疑自己的論文水準。答辯結束以後，很多同學都說到了一條眉毛上揚的教授。看來這個教授在聽每個人的答辯時都眉毛上揚。

如果這位教授只對小吳做出了這個表情，那麼表示他是在懷疑，可能是因為他並不認同小吳的論點。但所有的同學都開始反映這個問題時，眉毛上揚的動作很可能就只是他的一種習慣。兩條眉毛一條降低，一條上揚，它傳達的資訊介於揚眉和低眉之間，半邊臉激越、半邊臉恐懼。如果你遇到一條眉毛上揚的人，表示他的心情通常處於懷疑的狀態，也說明他正在思考問題，揚起的那條眉毛就像是一個問號。

每當我們的心情有所改變時，眉毛的形狀也會跟著改變，進而產生許多不同的重要信號。眉飛色舞、眉開眼笑、眉目傳情、喜上眉梢等成語都從不同方面表達了眉毛在表情達意、思想交流中的奇妙作用。觀察對方眉毛的一舉一動在第一次見面時就可以把對方的性格猜個八九不離十，你若是精明人就很容易捕捉以下的細節：

1、低眉

低眉是一個人受到侵略時的表情，防護性的低眉是為了保護眼睛免受外界的傷害。在遭遇危險時，光是低眉還不夠保護眼睛，還得將眼睛下面的面頰往上擠，以盡最大可能提供保護，這時眼睛仍保持睜開並注意外界動靜。

這種上下壓擠的形式，是面臨外界襲擊時典型的退避反應，眼睛突然被強光照射時也會有如此的反應。

當人們有強烈的情緒反應，如大哭大笑或感到極度噁心時，也會產生這樣的反應。

2、眉毛打結

指眉毛同時上揚及相互趨近，和眉毛斜挑一樣。這種表情通常代表嚴重的煩惱和憂鬱，有些慢性疼痛的患者也會如此。急性的劇痛產生的是低眉而面孔扭曲的反應，較和緩的慢性疼痛才產生眉毛打結的現象。

3、聳眉

聳眉可見於某些人說話時。人在熱烈談話時，差不多都會重複做一些小動作以強調他所說的話，大多數人講到要點時，會不斷聳起眉毛，那些習慣性的抱怨者絮絮叨叨時就會這樣。如果你想透過對方的臉部表情瞭解一些潛在的資訊，眉毛就是上佳的選擇。

4、輕抬眉毛

《老友記》裡的主人公之一喬伊，因其豐富、幽默的臉部表情給觀眾留下了深刻的印象，他不善言辭，經常話到嘴邊卻不知道用什麼詞語來表達，但他豐富有趣的臉部表情卻準確的傳達出了自己的想僅僅是眉毛上的動作就有很多種。當他遇到自己心儀的美女時，會微笑著一下眉毛，不用說話，對方就知道他對自己有好感。

輕抬眉毛的動作從遠古時代就已經廣泛使用了，當你向距離打招呼的時候，會不由自主地使用這個動作，迅速地輕輕抬一下眉人後又回復原位，這個動作可以把別人的注意力引到你的臉上，讓他明白在向他問好。

眉毛雖然只是人臉部一個很小的部分，但作用卻很大，它的一動一靜，都會在無形中透漏你的心境。

習慣性皺眉的人，需要感性訴求

「眉頭」兩個字常被用來形容人情緒的跌宕起伏，「才下眉頭，卻上心頭」、「枉把眉頭萬千鎖」、「千愁萬恨兩眉頭」、「花因寒重難舒蕊，人為愁多易斂眉」……基本用到眉頭一詞，就脫離不了愁字。

當然，皺眉代表的心情除了憂愁之外還有許多種，例如：希望、懷疑、疑惑、驚奇、否定、快樂、傲慢、錯愕、不瞭解、無知、藐[illegible]。

皺眉是一種矛盾的表情，兩條眉毛彼此靠近，中間還有豎紋[illegible]眉間肌肉和焦慮的情緒都無法得到放鬆。其實，一般人不會想[illegible]還和自衛、防衛有關，而帶有侵略性的、一無畏怯的臉，是瞪眼[illegible]、毫不皺眉的。

相傳，四大美女之首西施天生麗質，稟賦[illegible]倫，連皺眉撫胸的病態都楚楚動人，亦為鄰女所仿，故有「東施效顰」的典故。在越國國難當頭之際，西施以身許國、忍辱負重，皺眉是情緒的自然反應，也是內心世界恐懼的流露，是帶著防衛心態的，對他人走進自己帶著些許的抗拒。

如果現在你遇到一個習慣緊縮雙眉的人，你也要小心翼翼。他表情憂慮，基本上是想逃離他目前的境地，卻因某些原因不能如此做。這類人給人一種隨興感，他看起來不那麼隨和。他多半會有些挑剔，精打細算，直覺敏銳。他個性務實，辦事認真，不太會大驚小怪，不會放任任何細節。當然，他還有些猶豫。

一家銷售公司請兩組受試者到一家超市購物，其中一組被要求只要四處走走，隨便逛逛。另一組則要他們在深思熟慮之後，下決心買哪一樣東西。受試者在集合之後，大家驚奇地發現，隨便逛逛的那一組更清楚地知道自己想買哪一樣東西。這證明，人在深思熟慮的時候往往眉頭緊鎖，腦子不停轉，反而更容易猶豫不決。

研究發現，眉毛離大腦很近，最容易被大腦的情緒牽引，眉毛的動作是內心世界變化的外在體現。以下，你可以從皺眉的細微差別中觀察個性的心理表現

1、聽你說話時鎖緊雙眉

如果他在你說話的時候鎖緊雙眉，通常這表示你的話有些地方引起他的懷疑或困惑。緩慢的語速，真摯的話語往往可以打動他，消除他的疑惑。

2、自己說話時緊皺眉頭

這樣的人不是很自信，他希望自己的話不會被你誤解，也渴望你能給他肯定。用更直白的方式詮釋他說過的話，當他清楚明白時，你們的溝通將會更加順暢。

3、手指掐著緊皺的眉心

他個性上通常帶著神經質的成分，常猶豫不決，常常後悔自己的決定。遇到這樣的人，你要做好心理準備，與他溝通將是一個長期的過程，需要花

費更多的時間和精力來消除他的顧慮。

如果你想透過對方的臉部表情瞭解一些潛在的資訊，眉毛就是最佳的選擇。人額頭的皮膚最薄，一有輕微動作就會展現在眉頭上，眉頭一皺，眼睛因擠壓而縮小，總給人憂鬱的感覺。所以，習慣性皺眉的人，往往需要更多的感性訴求。只有他卸下了防衛的面具，才能放棄心底最後的掙扎，下次你不妨從眉間找奇蹟。

鼻孔擴張的人情緒高漲

有位研究身體語言的學者，為了弄清鼻子的「表情」問題，他在車站、碼頭、機場等不同的地方觀察各種鼻子，專門做了一次觀察「鼻語」的旅行。據他觀察，人的鼻子是會動的。例如，在你和人溝通的過程中，你發現他鼻孔擴張，這表明他的情緒非常高漲、激動，他正處於非常得意、興奮或者是氣憤的狀態。從醫學的角度上看，人在興奮和氣憤的情況下，呼吸和心跳會加速，進而引起鼻孔擴張。不只是人類，動物有時也會用鼻子表達情緒。

在動物的世界裡，如果你仔細觀察的話，一定會發現大多數動物喜歡用齜牙和擴張鼻孔來向對方傳遞攻擊信號，尤其是像黑猩猩這樣的靈長類動物，每當牠們生氣發怒的時候，往往會將鼻孔擴張得很大，從生理學上來說，牠們這樣做是為了讓肺部吸入更多的氧氣，但是，從心理學上來說，牠們正處於情緒高漲的狀態，這是在為戰鬥或逃跑做準備。

除了鼻孔擴張之外，還有歪鼻子，這表示不信任；鼻子抖動是緊張的表現；哼鼻子則含有排斥的意味。此外，在有異味和香味刺激時，鼻孔也會有明顯的動作，嚴重時，整個鼻體會微微地顫動，接下來往往就會打噴嚏。研究還發現，凡有高鼻梁的人，多少都有某種優越感，他們很容易表現出情緒高漲、飽滿的狀態。與這類「挺著鼻梁」的人打交道，比跟低鼻梁的人打交道要稍難一些。而在思考難題、極度疲勞或情緒低落的時候，人們會用手捏鼻梁。這些鼻孔的變化、觸摸鼻子的動作，是瞭解他們身體語言的法寶。

鼻子這一部位的表情，也的確能提供一定的心理表現的線索，讓我們透過鼻子微小的變化來看看更多不為人知的身體語言資訊吧。

1、鼻頭冒出汗珠

這表明對方心裡焦躁或緊張。他的個性比較強，做事有些急於求成。因為心情焦急緊張，鼻頭才有發汗的現象。

2、鼻子泛白

這表示他的心裡有所恐懼或顧忌。如果他不是你的對手或與你無利害關係，鼻子泛白是由於躊躇、猶豫的心情所致。另外，在自尊心受損、心中困惑、有點罪惡感、遭遇尷尬時，也會出現鼻子泛白的情形。

3、鼻頭紅

這種情況多與健康狀況有關，比如長期飲酒，食用辛辣食物過量、情緒過於激動緊張、皮膚過敏等。除了這些，鼻頭發紅也有可能暗示心血管疾病或者是肝功能異常，如果鼻子呈現藍色或棕色，要當心胰腺和脾臟的毛病，如果鼻頭發黑又枯燥，則有可能是縱欲過度了。

由此可見，鼻子雖然是人體五官中最缺乏運動的部位，但也是有著自己的語言的。當你觀察一個人時，不妨從鼻子的語言入手去看透對方。

下巴的角度是態度的分水嶺

當你向一群人或朋友發表自己的意見時，如果你留心觀察一下他們，可能會發現這樣一個有趣現象：在你發言的過程中，他們中的很多人會把手放在臉頰上，擺出一幅估量的姿勢。

當你的發言接近尾聲，你讓他們對你剛才的發言發表一些意見或是看法時，有趣的現象便開始出現了，他們會迅速結束自己原先的估量姿勢，將手移到下巴處，並輕輕地撫摸下巴，這時，每個人的下巴角度又都是不同的。

下巴的動作一般分為抬高下巴和收縮下巴。下巴的角度不同，所代表的態度也不同，這可能會暗示他們的決定是積極的還是消極的。你的最佳策略就是冷靜地觀察他們的下一個動作。

如果他們在撫摸下巴之後，將自己的手臂和腿交叉起來，並將身體後仰在椅子上，將下巴抬高，這種情況下，他們的最終決定可能是否定的。一旦出現此種情況，你大可不必驚慌，因為事情還沒有到完全無法挽回的地步。此時你應迅速徵求一下他們的意見，請他們說出心中的疑惑、不滿，然後對其進行一一解答。這樣一來，那些原來心存疑惑、不滿情緒的聽眾很可能會改變他們的決定了。

如果他們在輕輕撫摸自己的下巴後，身體後靠，同時手臂張開，下巴的弧線內斂，這就表明他們的決定很可能是肯定的。一旦出現此種情況，你就可以接著在臺上盡情地「縱橫馳騁」了。

下巴的動作除了與對方態度的認可與否定相關外，下巴的角度還和威嚴感、傲慢有關。我們觀察以動作片聞名的男影星的海報時就可以發現，他們總是以高抬的下巴來顯示自己的雄性特徵。抬高下巴的姿勢大部分時候都會呈現一種盛氣凌人的感覺。

女總裁出差時與下榻的賓館服務人員發生了一點爭執。她坐在沙發上，對方站在她的對面。女總裁說：「你不用說了，把你們經理找來。」她說話時，高高抬起下巴。但卻不是為了把視線落在站著的服務生身上，因為她望向了另一邊。

當對方的視線位置比我們高時，我們可能會抬起頭來與他講話。但這裡的女總裁顯然不是為著這個目的才高抬下巴的。她的高抬下巴則顯示了一種傲慢和自認為高人一等的態度，高抬的下巴和望向另一邊的視線都在向對方表示「對繼續談話沒有興趣」。

下巴高抬的角度表示高人一等也有著它的淵源。我們必須承認高度很能影響一個人的氣度，雖然這不是絕對的，但是從更大的範圍裡，我們發現領導者的身高對他的形象塑造有著非常重要的作用。

軍事院校指揮專業的選拔上，身高就是很重要的參考指標。但是身高通常都是先天決定的，無法更改。但人們樂於從任何細節上來提升身高，比如高抬下巴。動作者潛意識裡想要比對方高出一些來，於是用伸長脖子並且下巴高抬的姿勢來強調。

而相反，下巴收縮的角度則代表一種小心翼翼的畏懼感，愛收縮下巴的人與喜歡高抬下巴的傲慢人士性格截然相反。他們比較謹言慎行，凡事都很小心，所以能夠辦好手頭上的工作。但他們只注重自己眼前的工作，相對保守和傳統。

下巴的動作雖然輕微，可是卻可以憑藉下面這些影射內心的「投影機」來解讀他人。

1、表示憤怒的下巴

憤怒的人下巴往往會向前撅著，這一般也表達威脅和敵意。觀察那些不聽話的小孩，在回答「不」之前他們做的第一件事就是挑戰般地撅起下巴。

2、表示厭倦的下巴

當你看到他手平展，輕叩下巴下面數次，這表示他正感到十分厭煩。最初這一動作只表示某人吃得飽喝足沒事做。現在，它更多是暗示某人的厭倦之感。

3、表示全神貫注的下巴

當你看到有人輕輕地、緩慢地撫摸下巴，就像摸著他的鬍鬚一樣，你最好不要輕易打擾，這表明此人正在精力集中地思索或聆聽。

下巴的角度是態度的分水嶺，是瞭解個性的媒介。如果你想瞭解自己是被接納還是被拒之千里，那麼看看他的下巴吧！

笑容可以表露人心

有一首歌叫做《你的笑容出賣了你的心》，實際上，笑的方式和一個人的性格存在著一些必然的聯繫。

捧腹大笑的人多是心胸開闊的，當別人取得成就以後，他們是真心地祝願，而很少產生嫉妒的心理。在別人犯了錯以後，他們也會給予最大限度的寬容和諒解。這樣的人幽默感比較強，通常會給別人帶來無窮的快樂。

經常悄悄微笑的人，性格比較內向、害羞。同時，他們的心思非常縝密，而且頭腦異常冷靜，在什麼時候都能讓自己跳出所在的圈子，作為一個局外人來冷眼觀察事情的發生、進展情況，這樣可以更有利於自己做出各種決定。這樣的人特別善於隱藏自己，你很難認清他的真面目。

平時看起來沉默寡言，而且顯得有些木訥，但笑起來卻一發不可收拾，或者經常放聲狂笑，直到連站都站不穩了。這樣的人性情直爽，特別適合做朋友。這樣的人也許不夠熱情、不夠親切，有時候甚至會讓你覺得特別難以接近。實際上，這樣的人特別注重友情，是那種在關鍵時候為你兩肋插刀的人。

笑的幅度非常大，全身都在打晃，這樣的人性格多是很直率和真誠的。和他們做朋友是不錯的選擇，因為他們往往會直言不諱地指出朋友的缺點和錯誤，而不會為了不得罪人而視而不見。他們不吝嗇，在自己能力許可範圍內對他人的需要總是會給予　明。這樣的人大多討人喜歡，有廣泛的社會關係。

而笑出眼淚來是由於笑的幅度太大所致，經常出現這種情況的人，感情多是相當豐富的，具有愛心和同情心，生活態度是積極樂觀和向上的。這樣的人有一定的進取心和取勝欲望。他們可以幫助別人，並適當地犧牲一些自我利益，但卻並不求回報。

小心翼翼地偷著笑的人，這樣的人性格大多非常內向保守。同時，他們在為人處世時又會顯得有些靦腆，但是他們對他人的要求往往很高，如果達不到要求，常常會影響到自己的心情。實際上，這樣的人是可以與你患難與共、肝膽相照的。

看到別人笑，自己就會隨之笑起來，這樣的人多是樂觀而又開朗的，比較情緒化，而且富有一定的同情心。他們對待生活積極樂觀，不會被困難嚇倒。

笑起來斷斷續續，笑聲讓人聽起來很不舒服的人，大多性情冷漠。他們比較現實和實際，自己輕易地不會付出什麼。笑起來斷斷續續，聲音又尖銳刺耳的人，多具有一定的冒險精神，且精力比較充沛。這樣的人感情比較細膩和豐富，生活態度積極樂觀，為人比較忠誠和可靠。

笑起來聲音柔和而又平淡，這樣的人性格多較沉著和穩重，在大是大非面前多能夠保持頭腦的清醒和冷靜。這樣的人大多通情達理，能夠設身處地為別人著想。他們善於處理矛盾，也善於化解糾紛。如果只是微笑，並不發出聲音，多是內向而且感性的人，這樣的人性情比較低沉和抑鬱，情緒化比較強，而且極易受他人的感染

笑起來發出「咯咯」的聲音的人，多是能夠嚴格要求自己的。這樣的人想像力比較豐富，創造性也很強，常常會有一些驚人的舉動。他們通常很有幽默感，這是聰明和智慧的一種自然流露。

倘若一個人在不同的場合，可以發出不同的笑聲，那麼這樣的人多是比較現實的，而且反應能力特別快，善於處理各種各樣的複雜問題。

面帶微笑的人，想拉近和你的距離

波拿多．奧巴斯多麗在其《如何消除內心的恐懼》一書中，說過這樣一句話：「你向對方微笑，對方通常也會對你報以微笑，即使你們雙方的微笑都是假的，因為任何微笑都是可以傳播的。」事實也是如此，如果你遇到一個面帶微笑的陌生人，相信比起那些嘴角朝下，緊縮雙目的人，你一定更願意與面帶微笑的人接觸。他能對著你微笑，也表明他想和你拉近距離。所以有人說，微笑是能「傳染」的。

那麼微笑真的能傳播嗎？是什麼原因導致微笑能在人與人之間傳播的呢？這主要是由人不自覺的模仿意識所致。因為在人的大腦中，有一種特殊的「模仿神經」，它會自動引導腦部中負責辨認他人臉部表情的部分，進而使人立即產生模仿他人各種表情的反應。這就是說，無論我們是否意識到，大腦的「模仿神經」都會引導我們不由自主地去模仿我們所看到的他人的各種臉部表情。

瑞典心理學家尤里夫的實驗也證明了這一點。試驗中，尤里夫使用了一種可以從人體肌肉中獲得電流信號的儀器對一百名志願者進行測量，測驗他們在觀看不同圖片時的反應。在這些圖片中，有些是人憤怒時的表情，有些是人生氣時的表情，有些是人哭泣時的表情，也有些是人高興時的表情，還有些是人微笑時的表情。在觀看這些豐富多彩的表情之前，尤里夫向志願者提出了這樣一個要求，在第一次逐一觀看這些圖片的時候，每個人必須相應做出憤怒、生氣、哭泣、微笑等表情，在進行第二次觀看的時候，每個人必須做出與圖片中截然相反的表情，比如，如果看到的是微笑的表情，你就必須做出哭泣的表情，如果你看到的是憤怒的表情，你就必須做出高興的表情。隨後，尤里夫便要求志願者按照他的要求開始觀看圖片。

結果顯示，志願者都能輕鬆自如地做出與圖片上一樣的表情，但是當他們在做出與圖片中截然相反的表情時，很多人都遇到了麻煩，比如圖片上的人做出的是哭的表情，他們要做出笑的表情則是非常的困難。雖然他們都力圖控制自己的臉部反應，使之表現出與圖片上截然相反的表情，但是，很多人都不由自主地模仿自己所看到的表情，尤其看見圖片上他人臉上露出微笑的表情時，幾乎每個人都不能做出哭的表情姿勢。相反，他們都不由自主地做出了和圖片上一樣的表情——笑。

由此，我們也可理解那些有豐富談判經驗的專家在「劍拔弩張」的談判桌上，為什麼總會在談判前對對手笑口常開，因為他們都知道微笑能相互傳播。如果他對對手微笑，對手也會相應地對他報以微笑，如此一來，雙方便能給彼此一個好的印象，距離自然也拉近了，彌漫在彼此間的緊張氣氛也會隨之大大降低，這就有利於雙方談判的成功。

模仿你打哈欠，是「認同你」的開始

我們經常說打哈欠會傳染，通常一群人中有一個人有了這個動作，其他人就會競相效仿。關於原因，科學家們還不是很清楚。但身體語言專家亞倫皮斯認為哈欠是一種模仿行為。應該說打哈欠是最顯著的模仿行為之一：只要一個人打哈欠，他身邊的那些人就會接二連三地打哈欠。

模仿行為並沒有固定的行為，最初的動作者可能是隨意的一個動作，但後來者使用了跟他一樣的動作。比如撩起耳邊的頭髮，撫摸另一隻手的手背，等等，我們不討論這些動作本身的含義，而是探究後來者進行模仿的這個事實的含義。

對肢體語言同步現象的研究顯示，如果人們彼此之間有著相似的情緒，或是具有相同的思路，他們就很可能互相產生好感，而且會開始模仿對方的肢體語言以及臉部表情。也就是說，模仿的產生不僅僅是外在的，正是因為內在的某些相似性，人們才會從「打哈欠」這樣的動作開始模仿，而反過來從模仿裡，他們也就能找到「同類者」，也可以說是在尋找跟他們志同道合的人。

跟他人保持「同步」是人與人之間的一個紐帶。有一個有趣的說法是，當我們還是子宮中的胎兒時，就已經開始學習「同步」。因為我們的身體功能和心跳節奏都會儘量與母親保持一致。所以，模仿可以說是人類與生俱來的一種傾向。

1、模仿使人安心

我們和陌生人打交道時，通常我們會仔細觀察他們是否會「模仿」自己的行為與姿勢。如，一個哈欠，一個手部動作，等等，因為，如果他們對你的肢體動作進行模仿，就代表著他們認同了你，接受了你，這是建立友善的關係的開始。所以當我們看到對方模仿自己時，就好像看到了自己的朋友，心裡產生一種親切感。

比如一個剛認識的朋友到你家裡做客，他可能會感覺到很拘謹，尤其是在餐桌上。他會很擔心自己的習慣和你家裡不合，於是他會小心謹慎地先看看你和家人怎麼做，然後模仿你們的做法。

或者是剛轉到另一個學校的學生，課間休息時就會感覺很不安，於是他就可能觀察其他的同學都在幹什麼，如果發現大家都出去進行體育活動，想要迅速融入這個集體的人也會克服自己的緊張走出教室，做出活動姿勢，並在心裡期待其他的學生能夠邀請他加入。

2、模仿獲取認同

模仿就是人類的一種社交工具，它能夠幫助我們的祖先成功地融入群居生活之中。不僅如此，模仿還是最為原始的學習方法之一。理解模仿行為的含義是肢體語言學習中最為重要的課程之一，因為這是其他人向我們傳達首肯或好感的最顯而易見的方式。同樣，我們也可以透過模仿其他人的肢體語言，直接而便捷地讓他們感受到我們的善意。

一個高明的推銷員曾經對同行們這樣說，當客戶開始模仿你的動作時候，就是他們認可你，認可你產品的前奏，這時，你不妨假裝不經意的模仿客戶的動作。進而彼此的認同感就會增加，最終客戶將接受你向他們推銷的產品。模仿為什麼會獲得認同感，一個很可能的原因就是，人都有自戀的情緒。模仿在這裡被視為一種恭維的暗示，被恭維的人就很容易解除防線，接受外人的建議。

3、被模仿者才是主導者

有模仿行為，必然存在著被模仿的原始行為。雖然兩者都有著相似的表像，但內部體現出來的權力差別卻是很大的。模仿也可以看做是一種學習行為，對方在學習你的一舉一動，而促使他這樣做的原因是他對你的尊敬，或者喜愛，他認為你身上有比他更優勢的地方。所以，優勢地位是在被模仿者這一邊的。

小王想找老李借錢，於是他來到了老李家。他沒有首先就表明來意，而是跟他們聊天。然後小王發現，老李很愛模仿妻子的動作。當妻子歎氣時，老李也緊接著歎氣；當妻子喝茶時，老李也端起了杯子。於是小王把主要對象確定在了李太太身上，向她表明了借錢的願望，並且闡述了一系列理由以及按時還錢的保證。

小王很注意觀察夫妻之中是誰在模仿誰，因為這可以揭示出誰家庭權力更大或者能夠做出最終決定的人到底是丈夫還是妻子。如果妻子首先做出某些動作，不管這些動作有多麼細微，如交叉雙腿、手指交纏或是做出思考的姿勢，只要這個男人跟著模仿，那麼你就可以確定讓這個男人做出決定是毫無意義的——因為他根本就沒有做決定的權力。

4、模仿改善關係

模仿也可以影響其他人對你形成的印象。如果一位老闆期望與一個拘謹緊張的員工建立親善關係，並且營造出輕鬆的談話氛圍，那麼他可以透過模仿這個員工的肢體語言來達到這個目的。對方就會覺得你很平易近人。

不過需要說明的是，能在雙方間產生親和感的模仿動作，都應該是沒有攻擊性的，也不應該是炫耀意味過濃的姿勢，否則將會引起不快和反感。

表情，讓他的心底一覽無餘

狄德羅曾說：「一個人，他心靈的每一個活動都表現在他的臉上，刻畫得非常清晰和明顯。」這句話提示了人類表情的重要性。因為現實中，語言的表達遠不及人們的表情豐富和深刻。

作家托爾斯泰曾經描寫過八十五種不同的眼神和九十七種不同的笑容。可以說，人類的臉部是最富表現力的部位，它能表達複雜的多種資訊，如愉快、冷漠、驚奇、誘惑、恐懼、憤怒、悲傷、厭惡、輕蔑、迷惑不解、剛毅果斷等。而臉部表情也能傳播比其他媒介更準確的情感資訊。因此，表情能夠清晰、直接地表達人們的內心想法。仔細觀察一個人的表情，我們就可以獲悉他的心理活動。

根據專家評估，人的表情非常豐富，大約有二十五萬種。所以，表情能全方位地表現人們的心情不足為奇。問題是，面對如此豐富的表情，要去辨別該從何著手？

1、表情變化的時間

觀察表情變化時間的長短是一種辨別情緒的方法。每個表情都有起始時間，即表情開始時所花的時；表情停頓的時間和消逝時間，即表情消失時所花的時間。

通常，表情的起始時間和消逝時間難以找到固定的標準，例如，一個驚訝的表情如果是真的，那麼它完成的時間可能不到一秒鐘。所以，判斷一個表情持續的時間更容易一些。因為通常的自然表情，並不會那麼短暫，有的甚至能持續四～五秒鐘。不過，停頓的時間過長，表情就可能是假的。

除了那些表達感情極其強烈的表情，一般超過了十秒鐘的表情，就不一定是真實表現了，因為人類臉上的臉部神經非常發達，即使是非常激動的情緒，也難以維持很久。於是，要判斷一個人的情緒真假，從細微的表情中也能發現痕跡，只是需要人們不斷地進行細微的觀察。

2、變化的臉部顏色

通常，人的臉部顏色會隨著內心的轉變而變化，這樣，表情就有不同的意義了。因為臉部的膚色變化是由自主神經系統造成的，是難以控制和掩飾的。在生活中，臉部顏色變化常見是變紅或者變白。通常來說，人在說話的時候，如果臉色變紅，往往是他們遇到了令他們羞愧、害羞、尷尬的事。有的時候，人在極端憤怒的時候，面頰的顏色會在瞬間變為通紅。而人在痛苦、壓抑、驚駭、恐懼等情形下，面色會發白。

總之，人的表情變化往往是反映他內心世界的晴雨錶。因此，我們可以順著這條線索去探尋別人的內心祕密。

社會大學 32

我知道你在想什麼：超強揭祕讀心術

編　　著　張仲瑋
出 版 者　大拓文化事業有限公司
執行編輯　林秀如
封面設計　林鈺恆
內文排版　姚恩涵

總 經 銷　永續圖書有限公司
劃撥帳號　18669219
地　　址　22103 新北市汐止區大同路三段一九十四號九樓之一
TEL　(〇二)八六四七一三六六三
FAX　(〇二)八六四七一三六六〇
E-mail　yungjiuh@ms45.hinet.net
網　址　www.foreverbooks.com.tw
法律顧問　方圓法律事務所　涂成樞律師

出　版　日◇二〇二〇年三月

國家圖書館出版品預行編目資料

我知道你在想什麼：超強揭祕讀心術 / 張仲瑋編著.
-- 一版. -- 新北市：大拓文化, 民109.03
面；　公分. -- (社會大學；32)
ISBN 978-986-411-115-2(平裝)
1.讀心術 2.應用心理學
175.92　　108023417

謝謝您購買 **我知道你在想什麼：超強揭祕讀心術** 這本書！

即日起，詳細填寫本卡各欄，對折免貼郵票寄回，我們每月將抽出一百名回函讀者寄出精美禮物，並享有生日當月購書優惠！

想知道更多更即時的消息，歡迎加入"永續圖書粉絲團"

您也可以利用以下傳真或是掃描圖檔寄回本公司信箱，謝謝。

傳真電話：（02）8647-3660　信箱：yungjiuh@ms45.hinet.net

☺ 姓名：　□男　□女　□單身　□已婚

☺ 生日：　□非會員　□已是會員

☺ E-Mail：　電話：（　）

☺ 地址：

☺ 學歷：□高中及以下　□專科或大學　□研究所以上　□其他

☺ 職業：□學生　□資訊　□製造　□行銷　□服務　□金融

□傳播　□公教　□軍警　□自由　□家管　□其他

☺ 您購買此書的原因：□書名　□作者　□內容　□封面　□其他

☺ 您購買此書地點：　金額：

☺ 建議改進：□內容　□封面　□版面設計　□其他

您的建議：

新北市汐止區大同路三段一九四號九樓之一

大拓文化事業有限公司收

請沿此虛線對折免貼郵票，以膠帶黏貼後寄回，謝謝！